大風水師教你

讀故事學地理風水

林進來 著

編輯序

學風水尋吉地，就讀這本書

「風水」一詞源於晉代郭璞所著的《葬經》。書中所云：「氣乘風則散，界水則止，古人聚之使不散，行之使有止，故謂之風水」，即與地脈、地形有關的「生氣」。

「生氣」循環不止、生生不息，它是環境中一切有利於生命成長的要素總和，可以有效地改變環境，影響人的精神面貌。

「生氣」有一個特點，就是遇到風就會擴散，遇到水就會停止。所以，古人就發明出一系列讓「生氣」彙聚而不擴散、運行而不停止的方法，這就是風水學。

簡而言之，藏風、得水、聚氣，就成為了風水師調理風水的重點。

那麼，「生氣」從何而來呢？

古人認為，「生氣」來自於大地，大地是有生命的，而且和人類一樣有經絡穴位。這些經絡就是「生氣」行走的路線，「穴位」就是生氣聚集的處所。

一些真正的風水大師，為了得到大地的「生氣」，便千方百計地尋找「生氣」聚集的處所，也就是尋找大地能量脈絡之節點——龍脈之穴位，用大地的能量來加持負有天命之人，助其功成名就、澤被後世。

所以說，尋龍點穴是找到「生氣」的必經之路。

風水學把起伏的山脈稱為龍脈。

昆崙山是天下龍脈的根源。

中國有三大幹龍，以長江和黃河為界，長江以南的幹龍叫南幹龍，長江和黃河之間的幹龍叫中幹龍，黃河北面的幹龍叫北幹龍。三大幹龍同是昆崙山南龍的分枝。

枝龍即幹龍的枝脈，即大龍脈所分枝的小龍脈。風水家認為，龍穴以幹龍結穴為佳，故尋龍應以幹龍為主，枝龍有穴雖有形，不若十龍為至精。因枝葉繁亂，多非正穴。

平洋之地，是指地勢平坦而多河流穿行的地帶，則以水為龍。

龍穴，即是山脈形勢結構氣息藏聚的地方。

真龍必結穴。

有的要行數百里結穴，有的數十里結穴，也有的數百步即結穴。

中國傳統的風水理論認為，陰宅和陽宅的風水，對於後代子孫的富貴貧窮、禍福吉凶有重大的影響。如果在真龍真穴上安墳立宅，就會獲得不可思議的力量和功德。

清東陵是中國現存規模最大、體系最完整的古帝陵建築。整個陵園沿燕山餘脈而建，北以昌瑞山為靠山，南以金星山為照山，西側以黃花山為右弼，東側以鷹飛倒仰山為左輔，西側西大河與東邊馬蘭河東西夾流，擁護著這塊難得的風水寶地。

有野史記載，當初選陵址時，順治皇帝來到馬蘭峪鎮一帶鳳臺山的一處高坡，登高遠眺，發現這裡形似一個完美無缺的金甌，忍不住讚歎道：「此山王氣蔥鬱非常，可以為朕壽宮！」說完，他將手上佩戴的白玉扳指取下，扔下山坡，道：「落地之處定為穴。」於是群臣在扳指停落的地方打樁作記。後來，在這裡建起了清東陵的第一座陵寢，即順治皇帝的孝陵。

更神奇的是，當時著名的風水師在給孝陵點穴時，金針竟然穿白玉扳指而過。可見，找到好的龍穴難得，點對穴更難得。

天地廣闊無邊，龍脈數不勝數，龍穴也是遍布四野。

本書的故事，講的就是被譽為「地仙」的風水師林青龍和弟子蔡之元受邀從中國來到臺灣，是如何一路追蹤、觀摩龍脈，進而發現真龍真穴，最後找到最佳風水格局的。故事的主角林青龍先生本事極大，天星地卦、望氣式占、追龍點穴、八字擇日、厭勝鎮邪、摸骨相面等等，無所不知、無所不能。

而在尋龍脈期間所發生的一系列故事，更是曲折離奇，有料、有趣。

不僅如此，作者還精確繪製了大量的風水巒頭圖，並實地拍攝了一系列實景圖，並搭配毛澤東、鄧小平、朱德、馬英九、連戰等名人的祖塋和祖宅的風水格局說明，將精深的風水之學以簡單的圖表生動表達，讓風水學變得更容易。

風水關乎人生禍福，我們不妨泡一杯茶，打開這本書，在故事裡學習尋龍點穴的妙法，勘破名川大山背後的玄機！

自序

風水關乎人生禍福

常言說「一命、二運、三風水」，風水，是一門中國的國粹，是古聖先賢集結了智慧所得的結晶，也是取天地對應的法則，所創造出來的文化。

那麼，風水到底和人類有著何種關係？

風水，顧名思義就是在探討風、水、陽光，也就是探討「氣」的一門學問。《易經》上說，天地萬物皆源於氣，因為人類甚至萬物與氣、風、水皆密不可分，我們都是存在於「大氣」中。

「氣」隨四季有變，亦能隨地形、方位而變化，因而產生「氣」有吉與凶之分，適合人體的為吉，寒風凜冽、刺人筋骨的則凶，吉氣使人神清氣爽，凶氣帶給人疾病災難。總之，吉地可藏風聚氣，凶地則犯煞氣，這是以最淺顯的道理來解釋深奧難懂的風水理氣。

本人著迷於這「磁場」的魅力，一投入便無法自拔，就此鑽研了半甲子的風水，著實對風水與運勢下了一番研究，更加確信風水的確會影響到運勢。畢竟我們是生活在這大磁場裡，天地萬物皆與「氣」息息相關，不論是陽宅、陰宅皆然。

現在的居住地，高樓櫛比，房舍緊鄰，大自然的「氣」皆受此影響，甚至小到家中器具也有「氣」的影響，而人處在一個住宅裡，無時無刻都在受這磁場的感應。然而，磁場有陰陽、盛衰之分，當然對於運勢就有好壞的區別。

常有人問我說：「住同一棟樓的人，為何隔壁人家常吵吵鬧鬧，另一户人家卻和樂融融？」

這就是磁場的差別。

雖然是同一棟樓，但樓的高低、門的方向等等，都會造成磁場的變化，這也是讓我鑽研了半甲子，依然覺得風水是學無止境的。

如果大家能懂得風水，並借用這大自然的力量，來輔助住家或公司甚至個人，想必每個人的生活都能順遂，這就是風水的奧妙。

中國堪輿推展協會創會會長　林進來

目錄

第二章 聽風辨水尋吉地——在故事裡學習風水實戰、布局、招財、旺運 35

第一章 風水與人生——風水先知一日，人生富貴百年

風水是一門中國的國粹，是古聖先賢智慧的結晶，也是取天地對應的法則，所創造出來的文化。同時，風水屬於環境學科，是尋找最適合人類生理和心理活動的時間和空間的點位，是人類與自然和諧共存的「天人合一」的科學。在此，簡單的分幾點來闡述一下，風水到底和人類有著何種關係？

一、地理風水與人類的關係

風水顧名思義就是在探討風、水、陽光，也就是探討「氣」的一門學問，《易經》上說，天地萬物皆源於氣，因為氣、風、水與人類甚至萬物皆密不可分。

風水的山法學裡有論及「山形與人的形貌有密切關聯」。例如，自古在中國就流傳著一句俗語「山東出響馬，江南多秀才」，是因為山東的山形較陡峭高聳，土質較硬，山形屬火體，感應到此山形的人，體形皆高壯；而江南平陽地區，山體嬌小秀美，山形屬金體，所受到的感應，體形相對的嬌小。要在高山地區生存不容易，勞動大耗體力，故應當有高大的身形配合，平原的魚米之鄉生活富饒，故文風盛，這也是環境造化的匠心獨用。

當年，隨著國民政府遷台的人士中，體形高大者大多來自於山東，而今在臺灣出生的第二代、第三代，這些後代子孫已不是那麼容易一眼就可辨認出來了，他們的體形已不再那麼高壯，依山法的論點，臺灣的山形不像山東的火形體，而是屬金形體，故而這些後代，受到臺灣環境地氣影響，身形、個性均已轉變，可見山體與人的形體有著密切的關聯性，遺傳並非決定體形的唯一因素。

山法又提到「山管人丁水管財」。山間的住民生男丁為多，平陽居民則生女的比例較多。以臺灣為例，嘉南平原一帶與北部生女的機率較多，而東部及山區生男為多。

筆著多次到中國各地考察山川地理，在四川成都一帶所見婦女，大都臉龐圓潤，探其原因與當地山形皆屬金體有關，故而有些地理師在勘查一個人面相形體時，即知此人之塋宅附近的山體為何，真是屢試不爽。

祖塋風水與後代子孫有何牽連，一直是大家好奇的話題。

中國傳統的風水理論認為，祖輩陵墓的風水，對於後代子孫的富貴貧窮、禍福吉凶有重大的影響。如果埋葬的地方是一塊風水寶地，墳墓上空就會出現一種「氣」，帝王陵墓上空的被稱為「王氣」，有時還伴有祥雲。墓穴的選址的大體要求是寬敞，能夠聚氣避水，但皇家陵寢的選址則更為苛刻，相度兆域，講求前有照山、近有案山，後有靠山，山環水抱必有王氣。

觀當今臺灣或中國的達官貴人，考察其祖先塋地，大都合乎山法所言之「吉地」，那又與子孫有何關聯呢？筆者試著提出一個觀念以供參考：即先人與後代有血脈的感應，也就是血緣關係，血緣已經由科學來驗證，血濃於水，先人骸骨葬於吉地，則流著同樣血緣的後代，自然可感應到。

於此順便一提，中國自古重男輕女，認為女兒將來出嫁入籍他姓，已反聞下子孫，因此有關宗祧祭祀，祖業的繼承皆傳男不傳女。現在是男女平等的社會，婦女在社會上也已有相等地位，民法在財產繼承上亦已承認生女與生男有相同之繼承權。在血緣的傳承上不分男女都是相同的，因此風水地理對後代子孫的感應，不分男女其效果是 樣的。

二、住宅與「氣」

風水對陽宅的影響，與人是息息相關的。原始時代的架木為巢，主要是在防猛獸的侵擊，但又發現在樹上居住不是很理想，不能免於風害，因此聖人靜觀天地、萬物之現象，發現有些鳥獸擇於洞穴棲息可免風害，又防潮濕，亦藏風聚氣，這就是地理師所言的龍穴吉地。據考古學家闡述，山頂洞人之骸骨，歷經萬年仍完好如初，用現代科學的角度來解釋，即該山洞冬暖夏涼，溫度與濕度皆保持在一定界限，則可使萬物不朽。我們從風水的角度來看，此洞地氣流通，藏風聚氣，不受外界四時變化之影響，該洞穴即稱之為龍穴。

「氣」分吉凶，適合人體的為吉，寒風凜冽，刺人筋骨的則凶，吉氣使人神清氣爽，凶氣帶給人疾病災難。「氣」隨四季有變，亦能隨地形、方位而變化，好的陰宅、陽宅能藏吉氣而避凶氣。總之，吉地可藏風聚氣，凶地則犯煞氣，這是以最淺顯的道理來解釋深奧難懂的風水理氣。

天地萬物皆與「氣」息息相關，陽宅、陰宅皆然。現在的居住地，高樓櫛比，房舍緊鄰，大自然的「氣」受此影響，小到家中器具也有氣之影響。氣有分陰、陽，再運五行，即金木水火土是也。地理師有時觀察住宅中的棉被即可斷該屋之吉凶，為何呢？棉被在五行中屬木，水來生木，故木可吸收水分，棉被若含水即表示潮濕，對人體健康有很大的影響，棉被潮濕也代表該陽宅濕度大於有害人體的程度，因此從棉被一物即可看出，該間陽宅之「氣」。如果說此間陽宅有財運，但濕氣重，對屋主身體不健康，就算有財也沒意義。單單一個棉被，就與地理風水有關，其他更是不勝枚舉，因為天地之間「氣」無所不在，受到的影響亦無所不在。

三、東西方建築的差異

自古以來中國的建築多以三合院格局為主，古人以中為祖先，子孫位於左右兩側來護祖，這合乎了山法裡左青龍、右白虎護穴的格局。三合院的造型在風水的論法是以由外入氣為最，中間凹處產生納氣，以氣來論，三合院的建築納氣最旺，依風水的理論稱之為藏風聚氣，在八卦的論點為「專氣」。一間住宅若有「專氣」產生，對住於此屋的人，往往造成人事不公，專權於特定人物，這是三合院中間納氣的特有現象。但中國人凡事要講求圓滿，也就是說住的人不分大小房，能家和萬事興最重要，但這似乎與三合院的格局相互衝突，其實這就關係到所納之氣的吉凶與八卦的位置了。

中國最出名的建築物——紫禁城，是標準的三合院建築，是坐北向南的規畫，南方納氣，南方在八卦為離卦，其先天為乾；《易經》解說裡乾為天，代表一切的尊貴，更是帝王之位。以陽宅的風水論法，中間納氣是最為霸氣。紫禁城的格局，在風水裡稱為「迴風轉氣」，大門在南方，是中央納氣最主要的方位，如果氣旺盛，從南門大聲叫喊，則聲音會迴繞於中堂，這合乎風水的藏風聚氣原理，此氣視為「專」，獨霸一方，所以其實三合院的建築，對六親會有大小房份不均的影響，但最有效的、能發揮風水功能的也是三合院，這要以三元九運來論述。就拿國家運勢來比喻，納於三合院的氣，最能彰顯當運之氣（以國家的首都為論），觀中國近百年的歷史裡，國家所面臨的危機，大部分都是外族入侵，因為氣是由外而來所影響的，從紫禁城到平民的三合院都是，很多住在裡面的親族，受到元運磁場的感應，造成家內不安寧，其最主要是當時元運走於衰氣影響所致。

再論歐式建築，歐洲是以古堡最具代表性，碉堡的建築形狀大部分以內堂為重點，也就是都有一個挑高的大廳，因為挑高又面積大，當然氣就聚得多，範圍大，容易有雜氣產生，風水最忌諱聚雜氣，會造成住的人思想不穩定，如以《易經》和八卦的解說，若有雜氣，容易造成內部不安寧。歐洲自古以來多是因貴族間內部不合而引起紛亂，主要就是內聚雜氣所導致，歐洲古堡的優點是外面一片空野，又有水道來保護，以風水角度而言，四周有水道的房屋較不受到外氣的影響，又房子四周空曠，氣比較虛，外氣影響不了內宅，也可說是內亂外合的景象。

四、選房十大要訣

1. 先看明堂

去看房屋，不管任何坐向只要明堂四周整齊至少就有六十分了。明堂的好壞不是看現在，而是要看未來。比如說建商或屋主天花亂墜地鼓吹說明堂前面一片空地，視野好，但你的心裡就要設想：「我買了以後，前面會不會再蓋樓房，把我家的明堂遮住呢？」

這種情況非常多，狡猾的建商總是先蓋裡面的建地，銷售一空後再蓋前面的建地，如果你買低樓層的，更要考慮這個問題，如果是高樓層，將來蓋的建築物，如果壓不到你就沒有關係；所謂壓不壓得到，是以該建築物倒下來的三倍的長度為依據，原則上你所買的樓房，最好是你住宅的好磁場不要被遮住，最為理想。

買樓房前要留意四周及明堂的氣流，打聽四周的環境會有否改變，或是有一些雜亂的建築物體在明堂的前面，此種景象必會影響交友不慎，在事業上受到阻礙，前途不順暢等。

2. 買樓房做何用？

買屋是要用做住家、公司或是休閒的用途，要先考慮清楚。當住家時，若是正在職場衝刺的中堅分子，適宜買低樓層的，太高的樓層會產生「一片空野」、「心曠神怡」、「與世無爭」的心態，此則適合退休規畫之人。

若是用作公司時，也要低者為好，低者才能聚氣。若是已功成名就，腰纏萬貫的人，則可選擇高樓房，甚至山上的高級別墅，修身養性也兼顧休閒。

3.格局的方正

一間房，方正無缺角是最為理想，長方形的房子氣流較不通暢，缺角部分只要超過樓房面積的三〇％，就會對住宅的六親有影響，因為缺角會產生氣流不穩，配上八卦，則可論六親中的哪一親產生性格不穩，在正北缺角損中男，正南方缺角損中女，西北方缺角損老父（亦屬住宅的男主人），西南方缺角損老母（亦屬住宅的女主人），東方缺角損長男，西方缺角損少女，東北方缺角損少男，東南缺角損長女。圓形的樓房也不理想，氣難聚，也算是缺角的一種格局。

4.看客廳、廚房、浴室

一間房子好不好，客廳最重要，因為客廳通常是位居房子的最大空間，也是聚氣聚財的地方，客廳代表住宅男主人的顏面，因此客廳的位置應取在旺氣。

廚房位置代表女主人的位置，規畫以吉方為主，因為火爐是會產生能量的物品，應有較開放的空間規畫，須要通風及散熱，若是廚房散熱不佳，容易影響女主人的脾氣及健康，家中亦不安寧。

浴廁在陽宅學的理論上，沒有一個好方位。古代三合院的廁所，不會規畫在住宅裡面，大部分在住宅的後面，因為八卦的方位，浴廁不論設在哪一卦，都會損及六親。但現在的樓房沒有浴廁實在不方便，所以最好是位在衰方，如果浴廁要設在臥室中，切記，通風要良好，因為浴廁的濕度較高，通風最為重要，才不會影響居住者的健康。

5. 書房

望子成龍，望女成鳳，這是每個家長的心願，為求得好的讀書環境大多煞費苦心。「文昌」，大家都知道這是判斷力、智慧以及讀書的代表，想要提升學業，想要開智慧，中國人認為要拜文昌帝君，要找個文昌位來讀書，才有事半功倍的效果。

那麼，文昌位如何尋找呢？

在古代的風水理論上，一四七為文昌位，但現在的樓房要依照古時規畫，確實有點困難，據風水的理論，巽卦是東南方或是兌卦為西方，這兩卦均屬文昌位，而臥室書桌位置不能太侷促、潮濕、密閉或是太黑暗，臥室以有陽光照射得到的地方為上選，至少要有個能採光的窗戶。

6. 挑高樓房

寸土寸金的現代城市，許多建築商推出一加一的挑高式樓中樓，或是夾層屋，這在選購時要特別的留意上下樓層的卦位關係。

挑高屋，這種格局將空間規畫成具有二層以上的高度，有些人甚至喜歡挑高又挑空，讓屋子感覺寬敞，以便獲得較大的視野及採光，但是這些挑高挑空的面積，可是會關係陽宅的運勢喔！若是雜氣過多，就會造成家中不安寧。

房子講求氣場要平均，如果挑空的面積太大，則容易產生雜氣，這樣反而不利家運。

風水一再強調的就是「氣」的重要性，「氣」要選擇旺氣，聚也要聚集「旺氣」，這氣又跟空間是有很大的關係。

7. 樓層

房子首重外局的環境，如果房子格局方正，外在環境好，大致上就不會有太大的毛病。

經常會有人會問，生肖與樓層該如何搭配？這種問法，其實是衍生於《易經》提到的「一六共宗為水，二七同道為火，三八為朋為木，四九作為金，五十居中央為土」。

所以坊間相傳，屬猴鼠龍者、申子辰者，適合一樓或是六樓；屬虎馬狗者、寅午戌者，適合二樓或是七樓；屬豬兔羊者、亥卯未者，適合三樓或是八樓；屬蛇雞牛者、巳酉丑者，適合四樓或是九樓；另一種屬龍狗牛羊者、辰戌丑未者，適合五樓或是十樓，依此類推的說法。

其實樓層並不是很重要，最主要的是四周圍環境及高低變化，所產生的氣流、陽光與空間，才是主宰住宅運勢最為重要的因素。

8. 房子的好壞

我們去看一間房子時，一定要重視四周的環境，包含一草一木一石，都關係到房子磁場的好壞。論及風水首重「氣」，氣為萬物之源，氣無所不在，氣變化萬千，有聚、有納、有散、有生、有死、有陰、有陽、有實、有虛等等變化。在風水理論中，氣可變為水，可積澱為山川，可從無到有，亦可由有化無，這些盛衰消長，有著大自然中不可改變的規律，也是預測吉凶悔吝的依據，所以「氣」為一切之本。

現在的樓房稠密、高低、街道、馬路等一切外在環境均對磁場有很大的影響力，再加上現代的建築物體、鋼筋結構、金屬、電器、燈光、火爐等，與古時的風水論法大不相同了。現在的風水又包含建築學、生態學、能量學、色彩學等，要看房子的好壞，若不懂風水者，亦可以由大自然的景象去判斷。其一，可看草木，花木的繁茂或是死氣沉沉，則可顯示這住宅附近的磁場好壞；其二，看光線，有光線才會有氣流，相信一般人也都喜歡光線充足的房子，但切記不要前後兩個光線相沖，容易引起是非；其三，看牆壁，如果斑駁、發黴、長青苔者，代表此樓房的氣流不順暢，濕氣重，會影響居住者的健康及運勢；其四，看家門，家門的附近最好不要有雜亂不堪的景物，不雅之外會造成心情也跟著低落。

9. 現代建築

對現代陽宅有影響的包含能量、色彩、建築、自然生態、五行等。現代的樓房跟以前的住宅有很大的變化與改革，不但注重四周環境的美觀，安全結構的重視，甚至燈光、冷氣、電腦等諸多現代產物，都會發出能量影響居住者，在色彩方面，也有不同的五行性，跟居住者有關，以及空調上面的規畫等等，這些都要搭配上外在環境的氣流，才能產生一間好的磁場。現在一流的建築師，在美觀、建築安全、環境安全、使用安全上，相當的專業，但卻忽略了風水的設計，直到搬入後，發現此住宅的空間、四周的環境、室內的規畫擺飾錯誤等，對身體、財務、運勢、個性、思想等等有不良影響時，便為時已晚了。所以一間好的住宅，在建築前先要有良好的風水規畫，是不可忽視的。

10. 樓梯與電梯

電梯對現在人來說是不可缺少的，但電梯對陽宅卻是影響很大的，每一次開合，每一個上升、下降都會產生一個很大的動能，這些動能就會影響到住宅的磁場，但並非都不好，跟樓梯一樣，要依八卦來論它的吉凶。

電梯在吉方，也就是西方、西北方、東北方、南方，這四個方位所產生的動能為吉，在衰方，亦即東南方、西南方、東方、北方，這四個方位運行的是衰氣，所以買屋要先看電梯與樓梯位在何方。

五、現代的陽宅

古書有云：「先天命格，八字註定，後天運勢，良宅決定」，房子對人類究竟有哪些影響呢？從事風水研究三十餘年，經驗發現，雖然一個人的命格，從出生的那一刻起就註定了，但「運」是可以積極地去創造，有許多學理及後天環境，可以改變運勢，從五術方面的經驗來看，改變住宅的磁場，是最有效果的。

很多人聽到風水，都覺得不符現代的科學精神，帶有幾分怪力亂神，我倒認為風水學是最禁得起科學驗證的學問。

會影響住宅風水的因素可分兩種，其中以四周環境的影響最大，占了運勢的七〇％，另一種室內格局的設置，也會影響居住的人的健康及情感。風水講求的是氣與磁場，而隨時間的變遷，氣也有好、壞之區別。如果好的氣流入宅多，當然對家庭、事業皆順利；但是在現實環境中，高樓林立，樓房方位林林總總，當然好壞磁場皆有之，我們就要善用風水，當遇到壞磁場時，我們能化煞為用，或者化解它。

目前的風水門派繁多，眼花瞭亂的風水寶物，錯誤的風水理論，種類繁多的風水書籍，很多都誤導了風水的本質。

以陽宅而言，眼觀全球，到處都已是大樓林立，四周不外乎是馬路、街、巷道等，現在的陽宅要以坐向論吉凶嗎？若大樓四周皆有門要以何坐向為主呢？如果以命理來論呢？至今還是有部分人士無法確定自己的生辰，況且要配合一家子的命理，那房子可能要切割成好幾個區域了。人並非只感受住宅本身的磁場，而是住宅磁場受到四周環境的牽引而影響到居住的人。

據本人多年來的研究、思考，進而驗證，人的命格各有不同，但共同住在一棟樓房，所受到的是來自在四周流串的氣場，而住宅的高低會有不同的感受；「八卦」則是用來評斷流串之氣場為好或壞，即可論斷住宅之人為吉或凶，此種方式亦符合《易經》的大自然論法，人類畢竟是在大自然中求生活的。

先前也提過，現在高樓林立，雖然處同一棟樓房，為吉為凶各層不同，所看見的只是高低不同，但它上所迎接的氣，及下所迎接的氣，卻是有所差別的，吉凶的判斷也就跟著不同，所以這需要經驗豐富者，方能論斷。

簡而言之，磁場是由大自然應運而生的，而人是受著磁場的感應而生活的，這就是風水。

六、面相與陽宅的相應

我的年命該配合哪個坐向？是不是我家的樓房不適合與先生同住？我不適合此樓房的風水？或是我家的風水格局不好，才影響夫妻的感情不順？

我在五術界三十餘年，看過無數樓房，也常被問及如上述的風水疑問。其實除了風水問題之外，與個人的面相也是很有關係。

「家和萬事興」這句話是先師的遺訓，累積了三十餘載的經驗才體會到，當初先師在傳授五術時，常常提醒我，身為一位堪輿師，在福東的邀請，不論是陰宅、陽宅、風水地理，第一點絕對不能有大小房份的差別，必須公正，為福東造福，才是堪輿師的本分，這是一位專業的堪輿師，必須每時每刻都要謹記的。

古時候的房子，最高也只有二、三層樓，所產生的氣流較平緩，房子的坐向以男性為主宰，這是男主外女主內的思想。而現在的都市高樓林立，高低變化極大，又密集，任何造型各種角度都有，這流動於當中的氣流，影響著我們的思緒、我們的脾氣、我們的個性、我們的事業、人際公關，甚至是錢財，所以我一直在強調，外面環境的好壞，重於內部的規畫布置，因為我們的運勢有七〇%是外在環境影響的。

依八卦的理論，氣有陰陽之分，四個陰四個陽，而此陰陽也顯示兩性的對待，我們都知道房子的磁場，是受四周環境所影響，現在樓房高高低低的林立著，產生了混亂的磁場，城鎮建設越多，離婚率也跟著持續增長，這與磁場有很大的關聯性。住宅最忌諱的就是陰陽對沖，對家庭絕對會造成不安寧，因為氣不平衡；在八卦的理論上，卦相對的位置一定是一個吉一個衰，一個陰一個陽，如果兩方感應的氣均衡，那此居住者，自然和平順遂，如果是一強一弱，那顯示居住者的一方個性強勢，另一方軟弱，最不好的是陰陽皆強勢，兩氣對沖互不相讓，造成兩性不調和，那真的是家宅不安寧，妻離子散甚至離婚收場。

每次受客戶的邀請勘查風水，我必須要先瞭解住宅的用途，一般而言大部分的堪輿師一定針對能聚財、運勢佳的樓房，但多少忽略了家庭的對待，只顧及運勢佳的風水。雖然有好的運勢，不代表家庭會和樂，這是我累積多年的經驗發現，此住宅的人運勢佳，賺錢容易，但是家不和，這也是一種業障，身為專業大師的責任，就是要讓此家庭和樂，家庭安寧、順遂，才不會失去風水的原意。所謂「家和萬事興」就是要讓住宅的人一團和氣安樂，造福他人。

一般我會先與夫妻對談，最主要是瞭解此夫妻的個性，若男性屬於筋骨質，眼睛亮、聲音有力的話，代表此男性個性主觀強勢，處事有衝勁、有魄力，會比較霸氣，若是你再幫他找陽氣旺的磁場，雖然是好住宅，有不錯的運勢，但這其實是不對的，因為男主人會更霸氣，而住宅的女主人，就會受壓制，呈現不平等。所以說，身為專業的堪輿大師，其責任就是要讓此住宅的人，家和萬事興才能稱之為高手。

以下用兩個實例來說明：

實例一

在某個演講的場合裡，有位女士提了一個問題，她問：風水確實可以改變一個人的個性嗎？

我的回答是肯定的。

她對風水很有興趣，也看了很多風水相關的資訊，她到我的工作室來詢問。

我瞧了她的面相對她說：「家裡大小事都是妳在張羅，妳先生對妳很依賴，妳是個很能幹但很勞碌的人。」

這位女士聽了很訝異，問我如何看出。

我說妳的臉上有寫著。

這位女士屬於筋骨兼心性質，額頭高、天倉削、眼睛亮、眉目清秀、鼻子挺、顴骨高、嘴巴大、頤頰為削，像這種格局的女性，個性較強勢，主觀強，家內家外的事情一切都是她在主導。一般這種格局的女性，事業心較重、愛面子、較霸氣、處事乾脆、不喜歡拖泥帶水。從化相來論，她的先生一定會比較無主張，依賴性重，這就是《易經》講的陰陽對待。她讓我看她先生的照片，的確，先生的面相特徵是營養兼心性質，額頭低、天倉飽滿、眼睛小、鼻子低、顏面肉多、聲音柔。

我說：「妳的先生很好啊，算起來是位好好先生，不會與妳爭吵，對家庭有責任感。」

問題在於這位女性覺得先生柔柔弱弱的，一點也沒有男子氣概，站不出檯面，聽我說陽宅能改變一個人的個性，便希望我能幫她改善。

去勘查了她們的住宅之後，住宅的確陰氣重於陽氣，呈現陰盛陽衰的磁場，原本這女性就屬比較強勢的個性，受這種磁場的感應越發的主觀、霸氣，連同女兒也是主觀很強，陽氣弱當然男主人就越顯依賴，缺乏鬥志，這就是受四周環境所感應的。

之後，我為她們找了間陽氣較旺的住宅。半年之後巧遇這位女士，她說先生現在比較自動自發了，她也盡量把主導權給先生，自己感覺也比較不勞碌了，但是先生偶爾依賴性還是會發作……我說因為妳先生是營養兼心性質，本性上就比較有依賴性。

我常對學員說，身為堪輿師最主要的任務，不是規畫好的財運，最主要是讓住宅的氣流平均順暢，能家和自然就萬事興，這才是風水的意義。

實例二

某年春天，上海吹著涼涼又濕潤的風，與學員們講授完面相課程閒話家常之際，其中一位學員帶了一位年約四十來歲的男士，來詢問樓房的風水。

這一位老闆來上海創業數年，公司已經有不錯的規模，他聽學員說，我不但是面相專家，對陽宅風水更是精湛，也走過大江南北，鑑定過無數的樓房及很多名人的祖塋、祖宅，如鄧小平、毛澤東、朱德、胡錦濤，及臺灣的政治人物宋楚瑜、馬英九、王永慶的祖塋等等，特別是有一套適合現代環境的風水理論，故而特地前來聽課。

這位老闆問我，辦公室的磁場會影響職員的運勢嗎？確實，所有職員的運勢，包含他們的面貌、個性，都會受到磁場的感應。這位老闆原是製造商，目前要以業務為主，希望能發揮職員的專業及業績的提升。

我詳細觀察這老闆的面相及氣色，額頭高、天倉微削、眼睛細長而定神、眉目清秀、鼻子挺、顴骨平均、下巴飽滿、嘴巴大、聲音有力，屬於筋骨兼營養質的格局，從他的氣色來看，額頭有一點暗滯，下巴的氣色也不佳，一家公司的負責人有此氣色，代表業務上有受阻礙，下巴代表與職員的對待，也就是說現在的職員工作上受到一些阻礙。

我看出些端倪，就請老闆帶我去公司看看。

公司是坐北向南，長型的房子，前面明堂的左右屋宅比較高，後面有樓房鄰近，所以產生南方的氣流比較旺盛，這是個不錯的磁場，問題是在於雇用的業務員以男性為多，為何如此說呢？

因為這公司生產的是女性用品，這符合南方的磁場，南方在《易經》和八卦裡是為陰氣，陰氣搭配女性用品是最適合不過了，但也因所受到的磁場是陰氣較旺盛，所以男性業務的才能施展不出，也就是說有志難伸，而女性職員都很能幹，所以我勸這老闆改換女性的業務。

但是這老闆眉毛清秀重情重義，想來他替這些與他一起打拼的男性職員擔憂，我建議老闆，男職員可安排作幕僚人員啊，這才看到老闆展開了眉心。

一個住宅的磁場會感應到每個人，而磁場有陰陽之分，如果能懂得借用這大自然的力量，來輔助公司或住家甚至個人，想必每個人的生活都能順遂，這就是風水的奧妙。

自古以來人類極深度的探索此一面紗，被視為五術鼻祖的《易經》，是伏羲、文王、周公、孔子等聖賢的集體創作，在東方已流傳數千年而不衰，更在臺灣將此學術發揚光大，筆者深覺此學術，取自於斯應用之於斯，應該讓身為中國人的每一分子，都能理解何謂五術，及如何運用五術來追求人生的幸福，更希望將《易經》的真諦傳揚於大眾，讓《易經》生活化。

第二章 聽風辨水尋吉地——

在故事裡學習風水實戰、布局、招財、旺運

一、名師出山──尋龍點穴與山勢四象

堪輿包含山、醫、命、卜、相，古曰：一命、二運、三風水、四積德、五讀書，其流傳在中國五千多年的學術，而不被時代淘汰，其中必有它的價值，值得大家共同來探討研究。

古早時代，臺灣最出名的地方：一府（台南市）、二鹿（鹿港）、三艋舺（萬華），流傳著很多風水地理故事，特別是風水地理與祖塋、功名的牽連。

在清朝乾隆時代，先民由唐山[1]移民來臺灣開墾，其中多數是同村或是親族，特別福建泉州漳州閩南及廣東客家兩族群，其中福建泉州府占百分之四十，漳州占百分之三十五，客家占百分之十五，其他大約是百分之二。

先民陸陸繼續移民來到臺灣開墾發展，當時先民很重視風水地理，眾人來臺灣漸漸安居以後，不忍心自己的祖先或是父母過世的骨骸留在唐山，便「背骨頭甕」來臺灣，找一塊風水寶地安葬祖先的骨骸。

有的不惜重金，回唐山邀請地理師，來臺灣為祖塋選擇一塊風水寶地，其實是為後代的功名富貴與平安著想，所以特地聘請唐山老師來臺灣尋龍點地。

在諸羅縣（現在嘉義縣）東邊有一個村落，當地稱為東村，村內有一戶大戶人家，家財萬貫田

1 唐山原指「大唐江山」，是港澳臺同胞和海外華僑對祖國故鄉的習慣稱呼。當年渡海到臺灣的人被稱為「唐山人」。

園不計其數，當地人稱陳員外。在某年的十一月十八日，立冬前，陳員外的尊翁陳老先生壽終正寢，享年七十八歲。陳員外十分悲傷，為盡兒子之孝道，就打算為父親選一塊真龍正穴之風水寶地，來安葬他老人家。

過去比較有錢的大戶人家，為了後代子孫的將來設想，大部分會回唐山聘請高明的地理師來臺灣尋龍點穴。陳員外為了把尊翁安葬在一塊真龍正穴之地，特別派管家陳三連夜趕路渡海回唐山福建泉州，聘請高明的地理師。

在福建泉州府，南方有一個村落，人稱紅毛村，村內的村民大部分以姓林為主。從地理的角度來探討，四周山形環抱，左邊青龍、右邊白虎、前面朱雀、後面玄武。我們常聽說左青龍、右白虎，若加上前朱雀、後玄武，便是四象俱全了。

紅毛村有一位很有名氣的地理師，在泉州府無人不知，他就是當地人稱「地仙」的林青龍老師。此人精通五術，斷事如神，在泉州一帶是首屈一指的大名人。

這一天，林青龍老師在書房看書，忽然窗外射入一道光線，剛好射在書桌，時間是午時（上午十一點至下午一點）。這道光線跟平常的光線不一樣，是五彩的光線，林老師抬頭一看，感覺有一點不對勁，來到窗外，仔細看此光線，然後屈指一算，今天節氣是小雪，是在年尾，照理說此光線不該有那麼強的光。眼見這一道五彩光線，慢慢移向東邊而去。

林老師回到書房，心想，今天必有事情，就在書桌拿一本通書翻了一個今日的時辰，拿一支筆跟一張紙，排一個奇門遁甲盤。

在古中國有三大奇術，太乙神數、大六壬、奇門遁甲，皆為帝道之學。奇門遁甲應用天時、地利、人和的搭配，所排出的盤，在好的方位應用在運勢，趨吉避凶。古時的軍師專用於輔佐君王，如行兵作戰等，涉及國家安危時，奇門遁甲之功能治天下治亂之學，又稱為帝王之學。

奇門遁甲如何演變，是以天干為主，戊己庚辛壬癸，丁丙乙稱為三奇，丁丙乙配合八門，休、生、傷、杜、景、死、驚、開配合八卦配合天干，配合九星配合八神方位在何處，一張奇門遁甲盤，上面為天盤，下面為地盤，再配合其他各有應用。

林青龍老師在書房所排的奇門遁甲，飛鳥跌穴盤，其功能，喜從天降，有意外收獲，出兵作戰，可求財求利，財氣旺盛，相親婚嫁，營造，利君子，不利小人，出外遠行百事皆吉。此盤結構，天盤丙，地盤癸，八門休門，九星天蓬，八詐九天，奇門落在東北方位，稱為飛鳥跌穴，最適合遠行出外逢貴人相助，經商獲利，百事皆吉。

在林老師將奇門遁甲盤看完後心想，今日所排奇門遁甲盤是「飛鳥跌穴」，莫非此盤是要引導我出遠門？

忽然，從書房外匆忙跑進一位少年，大約十八歲的樣子，大聲喊叫：「老師！今日的天氣有變化！」少年名叫蔡之元，家住泉州府是大戶人家的弟子，為學五術之精華，特別拜師於林老師名下。

林老師微笑一問：「為什麼？」

蔡之元回報：「剛才我進入莊內，看到一道光線很強，仔細一看是一道顏色五彩的光，向村莊的東北水口而去。」

蔡之元感到十分驚奇，就向師父請教說：「早上天空不是很晴朗，還有一點烏雲，為何會有一道五彩光線？」

林老師對弟子講，稍後就可知道答案，也就是在申時將有遠客來拜訪。

蔡之元在林老師這裡學藝已三年，深知老師料事如神。果然，在申時左右村莊的出入口，來了一位年約三、四十多歲的中年人。此人眉目秀氣，氣質不錯，匆匆忙忙往林老師家的方向走來，在門口處即問是否為林老師家，請問林老師在家嗎？蔡之元出來請這位中年人到大廳入座，並且說：「老師已等您多時。」這時剛好是申時一刻（下午三點至五點為申時）。

這位中年人臉上充滿驚恐，即問蔡之元：「為何令師知道今天我會來？」

蔡之元微笑回答：「天機不可洩露！」

▲奇門遁甲：飛鳥跌穴盤。

戊 天沖 傷 騰蛇 己	己 天輔 杜 太陰 丁	丁 天英 景 六合 乙 庚
癸 天任 生 直符 戊		乙 庚 天芮天禽 死 勾陳 壬
丙 天蓬 休 九天 癸	辛 天心 開 九地 丙	壬 天柱 驚 朱雀 辛

飛鳥跌穴，在艮八東北方
天盤丙，地盤癸，休門
天蓬，九天，最上吉
出外逢貴人，百事皆吉

▲飛鳥跌穴落在東北方時的口訣。

原來，此中年人就是臺灣諸羅縣，東村陳員外的管家陳三，奉陳員外之命來唐山聘請地理師。

林老師與陳管家見面，在大廳賓主寒暄後，話入正題，陳三將陳員外所託的信函請林老師過目。林老師看後，請陳管家稍作休息並答應，明日隨陳管家前往臺灣，為陳老先生選擇真龍真穴安葬，庇蔭陳家後代，陳三聽後非常高興。

在用晚餐時，陳管家已經忍不住問林老師：「申時我來到門口，您的弟子說今日會有遠方之客來拜訪，老師已經等我多時，我很好奇也想要瞭解其中的奧妙。」（在古時，大戶人家的管家對山、醫、命、卜、相大略認知）。

林老師哈哈大笑，心想，好吧，今天就讓你瞭解五術的奧妙精華。於是，開口解釋說：「今天是庚申日，依奇門遁甲午時用事，午中帶火，庚為金，火剋金為財，庚金無火不成器，寅申巳亥為祿馬位，庚金

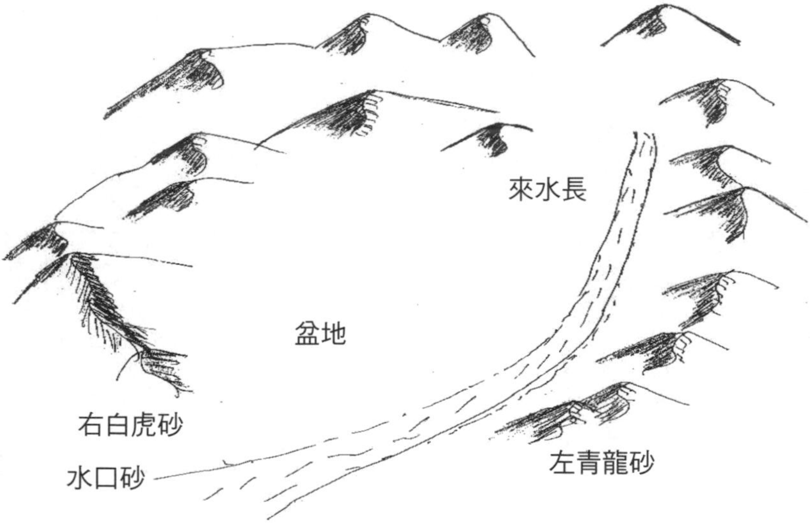

▲真龍穴的村莊，適合居家風水。

祿在申也是祿馬要奔馳，所以有遠方的客人前來拜訪。馬在外面跑進來，又加上今日在東北方，有一道五彩光線，往村落的出水口出去，所以遠客來拜訪，必要遠行，加上奇門遁甲『飛鳥跌穴』出外逢貴人百事皆吉。」

陳三聞言，伸出大拇指，不愧為大師，果真斷事如神。

1. 龍脈與龍穴

風水學把綿延的山脈稱為龍脈，其中，火是龍的氣、土是龍的肉、水是龍的血，石是龍的骨、草木是龍的毛髮。

尋龍脈是第一步，堪輿術首推的「地理五訣」，就是龍、穴、砂、水、向，相對應的活動是「覓龍、察砂、觀水、點穴、立向」。

中國風水學的巒頭法，根據山脈的起伏和形態，將山脈分布概括為幾種狀態，山就是九種龍，即「尋龍先分九勢」。

回龍——形勢蟠迎，朝宗顧祖，如舐尾之龍，回頭之虎。

出洋龍——形勢特達，發跡蜿蜒如出林之獸，過海之船。

降龍——形勢聳秀，峭峻高危。

生龍——形勢拱輔，枝節楞層。

飛龍——形勢翔集，奮迅悠揚。

臥龍——形勢蹲踞，安稱停蓄。

隱龍——形勢磅薄，脈理淹延。

騰龍——形勢高遠，峻險特寬。

領群龍——形勢依隨，稠眾環合稱。

崑崙山是天下龍脈的根源。中國有三大幹龍，以長江和黃河為界，長江以南的幹龍叫南幹龍，長江和黃河之間的幹龍叫中幹龍，黃河北面的幹龍叫北幹龍。三大幹龍同是崑崙山南龍的分枝。

枝龍即幹龍的枝脈，即大龍脈所分枝的小龍脈。風水家認為，龍穴以幹龍結穴為佳，故尋龍應以幹龍為主，枝龍有穴雖有形，不若干龍為至精。因枝葉繁亂，多非正穴。

值得注意的是，平洋之地以水為龍。

平洋之地，是指地勢平坦而多河流穿行的地帶。

風水家認為，平洋之地，雖無山脈可言，但平洋為龍勢跌落之處，水脈即龍之血脈。只要四面水繞，歸流一處，即是龍脈結穴之地。

古話云：「尋龍不認宗，到頭一場空」，龍的起源對龍穴的富貴貧賤有非常重要的作用。

祖山，指龍脈發源處的山。

按距離結穴之處的遠近，依次可分為太祖山、太宗山、少祖山、少宗山、父母山。尋龍望勢，先觀祖宗父母。結穴聚氣深厚與否，全依仗祖山形勢。

天下之山，並不是每一個山脈都是真龍。

真龍必祖宗奇特，出身活動，星峰秀麗端莊，或尖、或圓、或方。行度之間，開帳穿心（也有非穿心出帳的真龍），有橈卓枝腳，有起伏頓跌，有剝換轉變，有束咽過峽，有活潑可愛之勢。及至入首，應星明顯，穴情明白。下砂有力，水口關鎖嚴密。明堂平緩端正。出脈、行龍、過峽、結穴皆後有送、前有迎，兩旁有護衛，到頭結穴處重重山水纏抱，四周山水有情。

龍穴，即是山脈形勢結構氣息藏聚的地方。

真龍必結穴。有的要行數百里結穴，有的數十里結穴，也有的數百步即結穴。

風水家認為，結穴只能在龍脈正面，背面則非，因而只有正面可安墳立宅。

那麼，怎樣分辨龍的面和背？

以山龍論，龍之正面，必有護從，且山環水聚；龍背則無枝腳，無護從，或枝腳尖利，或陡峻，或山水反背無情。以平地龍論，砂寬水緩、有開口是面，砂窄水急、無開口即是背。

龍穴走向與朝山、水流之間構成的五種方位趨勢，分別是：正勢、側勢、逆勢、順勢、回勢。

正勢——龍脈自北而來，朝山立於南。

側勢——龍脈自西而發，作穴於北，南方作朝。

逆勢——龍脈逆水而行，朝山順水而下。

順勢——龍脈順水而行，朝山逆水而上。

回勢——龍身蜿蜒而行，回顧祖山而作朝山。

此五勢結穴，構成逆順不同格局，以逆為貴，順則力減。

2.山勢的四象（前朝後靠左右抱）

什麼是四象？就是左邊有砂手，右邊有砂手，前面有案山，後面有靠山。若前面有朝山案山來朝拜稱為「四象會局」。

風水地理山法的基本概念，好的風水地理寶地，必具備四象，最主要是此地能藏風聚氣，「藏風聚氣」也就是此地的氣候溫度的相差不會有大變化。

左青龍砂，就是人的左邊的手，風水地理稱為左青龍砂，最主要的功能是要護主穴場，右邊為白虎砂，也就是人的右邊的手，最主要的功能是護主穴。在風水學又稱青龍砂為陽性，白虎邊為陰性，青龍為男，白虎為女（這是基本概念），前面的案山稱朱雀，又名明堂。若有朝山及案山來朝拜，代表將來子孫的功名與將來的前途，後面的靠山稱為玄武，靠山代表此龍穴所蔭出後代的格局高低，是否有貴人提拔，以玄武靠山為主。

二、水頭出提督，水尾出相國——五星峰、九星峰及四周的山形與靠山的功能

隔日，林老師將家中的事務交代妥當，並向家人稱此行將是三年或五年後才會回來。

隨後，三人渡船過海向臺灣而來，來到諸羅縣東村。

陳員外率領全家大小在家門口迎接林老師來到，陳家是一戶大戶人家，標準的閩南三合院，陳員外見到林老師即雙腳跪下迎接。

古時的地理師地位崇高，找到好風水，可以讓福東有蔭三代的富貴，相對不好的風水，會讓福東損三代不能翻身，所以地理師責任重大，替業主的親人作安葬之事是很大的責任，也非常受業主尊重。因此，業主跪在地上懇求，後代的富貴窮貧，全部因果都操在地理師的手裡。

陳員外非常感謝林老師，說大師：「一路辛

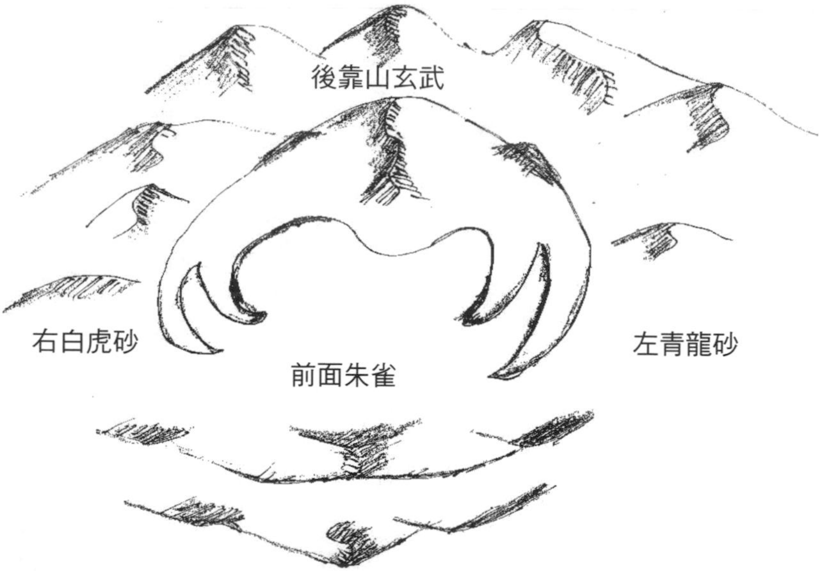

▲山的四象圖，代表風水俱備之條件。

苦不惜千里來東村，為家父找一塊真龍真穴之地，實在感動。」

作為專業的堪輿師，要為福東的親人找一塊風水寶地，必須審查此人的福報及因果。林老師一看此人的面貌，年約四十幾歲，如以五行形論是標準的土形人，若論以三質而論，營養質兼筋骨質，額頭中庸，天倉飽滿，眼睛定神有力，命宮寬，眉毛清秀，耳朵大朝珠，鼻子豐隆，鼻翼豐滿，顴骨高聳，頤頦飽滿，嘴巴大，下巴有朝，聲音洪亮有力，是標準的營養質兼筋骨質。

由面相分析來看，額頭中庸思想單純，處理事情按部就班；天倉防禦性重，較有理財概念；命宮寬心胸較有度量；眼睛定神，處事能把握一切；顴骨高聳，處事能掌握權力；鼻子豐隆加上聲音有力，在錢財方面能創造商機；頤頦飽滿人脈極廣，有好處願與四周的朋友共用；下巴飽滿有朝，將來兒女必有成就。

林老師看陳員外面貌，心裡有底。

晚餐後，師徒二人回到客房休息。在亥時（晚上九點至十一點），天空的月亮黯淡，在書房裡傳來讀書的聲音，有一句話「水頭出提督，水尾出相國」。

林老師夢中醒來屈指一算，大約略知。

隔天早餐後，林老師向陳員外請教，說此村落外，在西方的方向，山形是否有三角旗？陳員外說請老師細說簡化。林老師說有沒有山形如三角形狀的？陳員外說：「在莊後的後山，確實有一些山形如老師所言，有三角形狀的山頭，在村外後山大約幾里路程有此形狀。」

林老師對陳員外說：「我們快去找，此地形必有真龍真穴。」

不久，一群人一路尋龍，追蹤來龍去脈，看到一座火星山形。

林老師哈哈大笑，皇天不負苦心人，終於找到好穴場。

陳員外問：「林老師，此山形有何功能，蔭出怎樣的格局？」

在地理巒頭山法家，有一句名言，左旗右鼓必出武貴，山形如三角形在風水稱為火星，其體質石頭較硬，依山法家解說，一水、二木、三石、四土、五行定吉凶，山法家稱石為貴格，土為文秀，若土中帶石文武雙全。

林老師詳細尋來龍去脈，此山形由一路剝換，閃脈跌伏剝換轉西北，其父母山高峰化火星剝換為貪狼木化陽，依照山法解說，若是靠山是貪狼木來坐穴，此地必出武貴。

陳員外聆聽林老師的細訴，非常高興，但心裡有一點疑問，為何老師知道後山有一塊龍地，難道老師以前來過此地嗎？林老師哈哈大笑：「不是我有來過，而是你本身所帶來的積德，你平常在村落做很多善事受眾人尊敬，今天你的福報自然會顯現出來。昨日晚上在休息時，傳來一句言語『水頭出提督，水尾出相國』，若是出提督，依山法的解說，此來龍必要石中帶貴，來龍必以火星與木星的體為主；若是要出文秀，此龍來龍必要剝換化為平洋龍，石中帶土為文秀，依我多年的山法歷練，此來龍必會在平洋結一塊真龍真穴。」

林老師對陳員外說：「以這塊地你希望將來的子孫蔭出何種格局？」陳員外當然是要求越多越

好，林老師說：「一塊地所蔭出的格局，與你的福報有關，一塊龍穴不是貴格就是文格，不可能文武雙全。」陳員外聽老師的分析，心裡想我錢財萬貫沒有問題，若能蔭出將來的子孫能當文秀做官就可以了。林老師說：「此龍穴所蔭出以文秀為主，因為雖有貪狼星來做靠山，貪狼化為文秀，因為左右山形無帶旗、無帶鼓，又加上前面案山，以土屏來朝拜，所以所蔭出的子孫，將來以文貴較多，若出貴格官階不大。」

林老師勘查此龍穴後，選擇吉日良時來安葬陳老先生之墳墓。

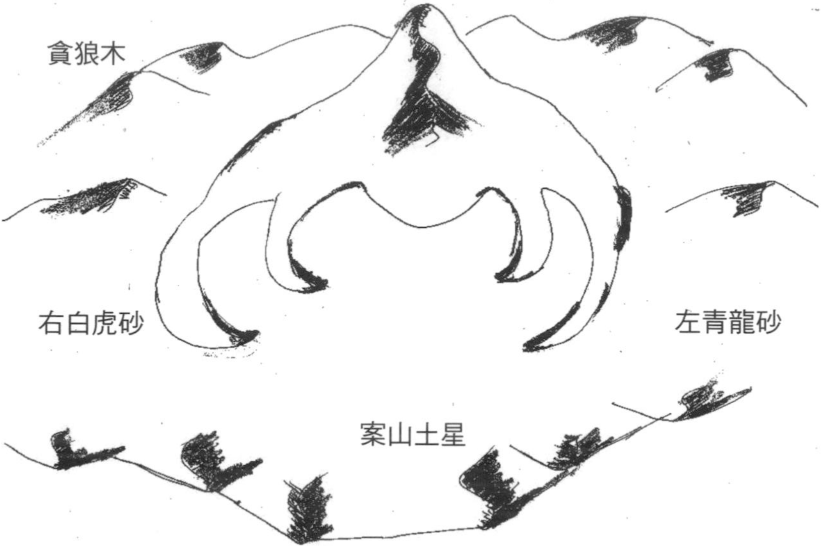

▲案山土星來朝拜。

▲來龍氣脈圖。

1. 五星峰和九星峰

星，亦稱穴星或星峰。

五星峰：五種基本定穴星峰，分別是金星、木星、水星、火星、土星。金星圓滿，山頂如弓；木星聳直，圓而不方；水星浪湧，屈曲靈動；火星尖銳，焰頭上聳；土星端直，渾厚凝靜。

五星上應天宿而其理源於五行，五行有相生相剋之理，相生則木生火，火生土，土生金，金生水，水生木；相克則金克木，木克土，土克水，水克火，火克金。

因此，在龍脈行走，剝換脫卸之中，須以相生為妙。如金星發祖，搏成水星，再生木星，木生火，火生土，如此迢迢起峰，節節生旺，乃結富貴之土。如果金星行龍，木星結穴，則木受金克，為凶地，必欲扡穴，須有水星相生為輔，或火星受木生以制金，方可為解脫。

九星峰：指九類不同形狀的龍脈結穴山峰，具體指貪狼星、巨門星、祿存星、文曲星、廉貞星、武曲星、破軍星、左輔星、右弼星。九星中有三吉星，即貪、巨、武。輔弼二星亦屬小吉，又合稱五吉星。破、廉、祿、文為凶星。

2.何謂貪狼木？

貪狼木本身的體，由火星與木相星結合，山法家稱為貪狼木，也就是山頂有一點圓形，有一點尖尖，看來很秀氣。若下脈轉換為體貪狼木，有兩種格局：一種是坐朝山來朝，另一種下脈化陽成真龍真穴。依照山法家解說，其父母山下脈化平壇，必石中帶土為貴，若是全部是石頭，無土質不成貴格；同時，左有青龍砂，右有白虎砂來護穴場，也就是說如人的左右手有一點曲抱，這是山法的基本概念。

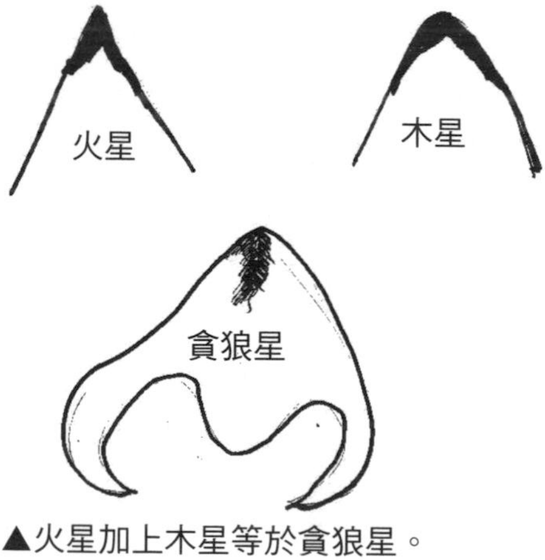

▲火星加上木星等於貪狼星。

3.四周的山形與靠山的功能

在地理風水的基本概念，前為案山稱為朱雀，代表將來的子孫在外的人際公關。後面的靠山稱為玄武，其來龍代表祖德蔭給你的格局是富貴或窮貧，由後面的靠山最有影響力，將來所蔭出的後代格局，左邊青龍，右邊白虎，代表此風水將來的相處在外與人的對待，當然真龍真穴必須有四象俱配。

三、急人之難——尋龍點穴

在這幾天等吉日良時，安葬陳老先生之時，林老師利用時間，在四周尋龍。因為夢中所言，水頭出提督，水尾出相國，林老師師徒一路追來龍。他們在山頭見一座山體，一路剝換化氣落穴在平洋龍。此龍穴落在田野中一處水池，左邊稍微突出右邊也稍微突出形成左青龍砂右白虎砂，最主要的砂手由田地化氣層層來護穴，後面起一墩太陰金坐為靠山，前面明堂梯田水來朝拜，中間聚水池，稱為天心聚水，是難得一見的風水寶地。

林老師師徒告別陳員外，離開東村一路遊山尋龍隨平陽而來，林老師這幾天觀察到臺灣的山龍較短，不像唐山的山龍，千里來龍結一穴，臺灣的山龍大約數十里就結穴，分枝特別多，若分枝多其主祖宗山必有雄壯山形，依照山法解說，一條龍若分枝多，其來龍必配有天池，若有天池稱為活龍，也就是地下的水分充足，而蒸汽往上至山頂聚水池，越小代表其龍體力量越大，分枝越多，

▲有地池代表磁場強大。

若山頂無天池，此龍體的結構無水分，稱為死龍。

師徒二人不惜代價，吃盡苦頭一路爬山過嶺來到台中（梨山），臺灣的山形以玉山稱為祖宗山峰，其來龍剝換一邊行東，一邊行西，東邊石骨較多至太平洋，分枝較短山法家稱為背龍，西邊山龍剝換一路跌伏較長，至平陽入臺灣海峽。

梨山天池，此池面積大約數百坪左右，經當地的農民解說，此池水四季不乾枯，水池冷而清晰，依照山法家解說若天池的水越清晰，代表此龍越有力量，若此天池的水不清澈，有時會乾枯，代表此龍身力量有限。

接著，師徒二人一路從內山追蹤尋龍，向北一路追蹤山龍，欣賞雄壯有力來龍跌伏，此山龍一路剝換至平洋龍。

忽然在後面聽到一陣呼救的聲音，有人在喊救命。

林老師轉頭一看，一位少年正被五、六個大漢追打，一轉眼，這位少年跑到林老師師徒面前，苦苦哀求他們搭救。話還沒有講完，後面追他的大漢已經到了面前，其中一位年紀大約四、五十歲左右，一臉橫肉顏面骨多的人是本地的李員外，田園不計其數。

而被追的少年姓謝名澤雄，林老師問李員外：「為何要追打少年？」李員外說：「這位阿雄欠我租金沒有繳，租金已經有兩期，每次來追繳他就躲避，今天被我遇到。他欠人租金想躲避又喊救命，你說可不可惡」。林青龍就對阿雄說：「欠人家的債就該還，為何還在躲避。」

阿雄說：「不是我不還，其實我有苦衷，我的母親在家生病臥床，需要醫療費用，如果將收成的稻米所賣的錢財給他，我的母親就沒有錢買藥，而李員外每次收不到租金還會加利息，一次一次加重我的負擔，我現在連本金都無法還清，又加重利息，我實在沒有辦法繳納租金。」

林老師詳細觀摩，發現阿雄的面貌確實沒有欺騙他，阿雄的日月角的氣色暗紅，依面相氣色論，家中必有長輩會出問題，特別在六親方面。林老師精通五術，身為五術達人，心念善存，必會插手管此事。他聽後對李員外說：「此人是孝子，請你高抬貴手，再給他寬限一段時間，做個好心人。」這時李員外說，不行不行，我的田農這麼多，如果大家都這樣，我收不到租金，那還得了！」儘管林老師說盡好話，李員外還是不接納。

古時的田地，大部分是有錢人家的，他們將田地租給農人耕種，稱為田農，一年分為二季，每季收成一半歸業主，所剩的錢財不多。

這時，林老師眼神一轉，看李員外的氣質不是普通人士，屬於吃軟不吃硬的個性，靈機一動向阿雄說：「不要緊，你所欠的錢一切由我來負責。」說完，大聲一喊，此少年孝心感動天，他所欠你的錢，由林某來還你。

哦呀！這位李員外聽到倒退三步，怎麼忽然冒出一位不相識的局外人肯為阿雄還錢，便大聲說：「不行，若是由你外人來還債，那我大失面子，讓別人聽到我變成無情無義的人。」

李員外說：「我是當地的員外，竟然不知輕重，村內的田農是一位孝子，欠我的錢財，由一位跟他毫不相識的外地人來為他還債，這萬萬不行。這樣好了，阿雄所欠的債我全免了！」

原來，林老師應用面相，瞭解一個人的個性，去激發他，讓此人展現他潛在的心態。

李員外大約四十五歲左右，屬於筋骨質兼營養質，這種特性的人比較愛面子、搶風頭，尤其聲音洪亮更明顯，你敬他三分他回敬七分。

李員外天倉飽滿，額頭寬，頭髮粗，眼睛亮，眉毛粗，鼻子豐隆，顴骨高，耳朵大，頤頬飽滿，嘴巴大，下巴飽滿，膚色黑，聲音洪亮。一般天倉飽滿耳朵大，代表他的祖德在當地有名望；天倉飽滿鼻子豐隆，一般能繼承家業，也就是上一代留下很多田財；命宮寬眉清秀粗者，處事比較有衝勁，心胸較開闊，眉清秀重情重義，是筋骨質的特徵，加上顴骨高頤骸飽滿，在外人脈極廣；個性較海派，聲音有力，愛搶風頭，慷慨，個性吃軟不吃硬。

林老師使用面相的精華，應用在人與人之間的互動，從而化解阿雄的危機。林老師詳細察看阿雄的面貌，五官端正，屬於心性質兼筋骨質，將來必有一番成就，額頭高，天倉微削，日月角分明，眼睛定神，鼻子挺，顴骨高，嘴巴大，頤頬微削，下巴有朝，此人會應用智慧來創造未來，也就是白手起家。

每個人都會有時運差的時候，也就是流年，想要瞭解自己潛在的能量，可以從自己的面相來查看，我常提到，面相是由三個質組成，也就是心性質、筋骨質、營養質，人的面相大部分都有兼三質去加加減減，才會等於一個人的個性和運勢。

故事中的李員外，基本上筋骨質特徵，其顏面骨多，膚色黑，聲音洪亮，這樣的特質帶動他的衝勁，不服輸的幹勁，死好面子，搶風頭，這種人，若在今天的社會會極力拼事業，由於他的眼睛亮有神，會懂得抓緊機會，而且處事勢在必得，但唯一的缺點是稍微不留意，衝勁太過，往往不小心會衝過頭。

若是眼睛柔的人，處事抓不到重點，容易失去機會，如筋骨質配眼睛無神，機會在面前都不懂得把握時機。筋骨質的面相最好是搭配眼睛定神，因為處事上冷靜，懂得衡量，以上司的立場來講，選擇眼睛定神的人，較能託付責任。

若在社會上遇到李員外這種面相格局，要如何與他相處？記得與他共處，必留七分給他臭屁，因為這種人聲音有力，下巴飽滿，愛搶風頭，愛表現，你給他三分的恩惠，其人相對回敬你七分，這種格局的個性吃軟不吃硬，所以林老師應用面相的精華來化解阿雄的困境。

俗話說，不識字請人看，不識人輸一半。

林青龍老師心裡有數，問阿雄家住在何處，阿雄說在山坡邊。林老師說到你家看看，阿雄當然不敢拒絕，他是恩人。阿雄說我家很破舊，實在不敢請老師到我家，林老師說無妨，其實林老師有用意，第一點想要瞭解，到底是怎樣的風水感應能蔭出白手起家的格局，因為阿雄的面貌，絕對與風水有關，師徒二人便隨阿雄回到他家。

林老師從四周觀察，發現此地是一塊風水寶地，可惜沒有點到穴場，若稍微改變坐向，此來龍由貪狼星剝換為太陰星化平陽龍，左邊青龍化微芒砂，右邊白虎化微芒砂（也就是由梯田來作砂手），前面明堂聚水池，案山由梯田層層來朝拜，此穴山法家稱為龜穴。此龜穴有水池聚在天心稱為活龜穴，若在山上或高山無水池稱為死龜穴，依山法解說靠山為太陰，蔭出文貴帶財局。林老師察看後，心裡有數，隔日早上，對阿雄說：「你現在的住家，沒有點到正龍脈，今天我點此地，若將來經濟不錯時，將你舊家遷移此地，對你將來的運勢會大有轉變。」

師徒二人隨阿雄來到了住處，這時天色漸漸暗了。林老師對阿雄說：「我師徒在你家借宿一晚如何？」阿雄心想，糟糕！受恩

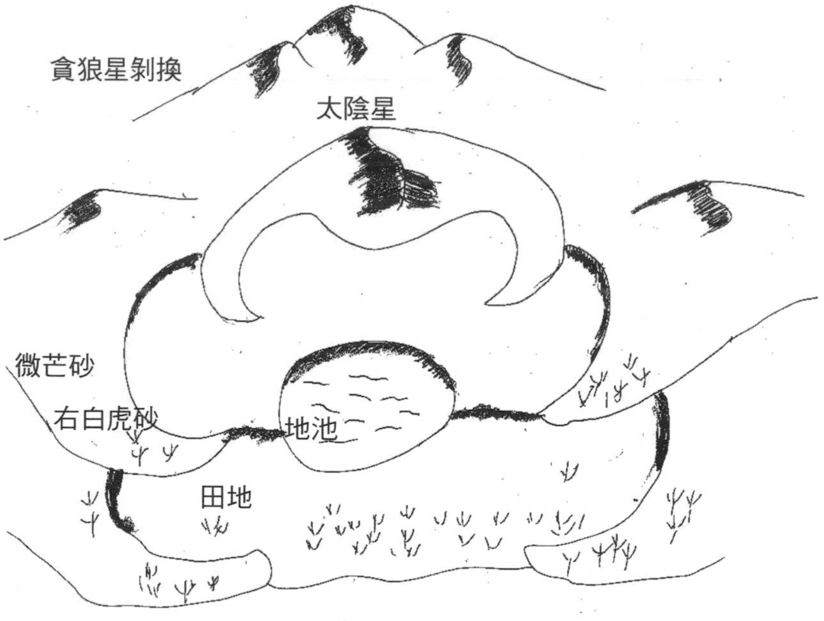

▲活龜穴。

公解救，現在要住在我家，我是窮光蛋，哪有錢請客？林老師看出阿雄的表情，就對他說：「今夜我師徒借宿的飯錢會照付，你放心吧！」說完，林老師叫弟子拿錢交給阿雄，麻煩他去買一點吃的東西，剩下的錢財留給他母親醫病。

阿雄非常感謝，真不好意思沒有錢財請恩公，還要恩公破費。

阿雄請母親出來與林老師打招呼，賓主寒暄幾句後，林老師看此婦女臉色蒼白，已病了一段時間，就問阿雄母親貴姓，阿雄母親說我姓林，故鄉在福建泉州府。林老師一聽是泉州府的同鄉又是同祖之親，感到非常高興，心想，我離鄉在外很少碰到同鄉又同祖之親，真是難得！林老師對阿雄母親說，我師徒從唐山來臺灣，去年諸羅縣有人聘請我找真龍真穴，是東村一位陳員外的父親過世要找一塊龍穴安葬。

謝太太聽到這一位是同鄉又同祖親之人非常高興，再次感謝為兒子化解困難。這時林老師感到有一點不對勁，怎麼沒有看到阿雄的父親，就問謝太太說：「怎麼不見你的先生？」謝太太邊流眼淚邊說：「我先生已經過世十來年，一直沒有錢好好找一塊地埋葬他。」

在閩南風俗，人過世埋葬後，一般過七年要撿骨洗骨，重新再尋找一塊吉地安葬。謝太太說已經過十年，尚無法完成，現在身體狀況不好，實在對不起丈夫，再者孩子尚小，又缺少一筆錢請地理師來安葬。林老師聽她這樣說，馬上答應，既然是同鄉而阿雄又是一位孝子，自己很願意幫她重新尋找吉地來安葬她的丈夫。

在古時，地理師要幫福東找一塊吉地，必須有條件，第一先瞭解業主的因果及八字的格局。

阿雄八字命格

日元己卯生於秋季，接近秋寒，最須以丙丁火來取暖，辛金當令食神透干，辛金食神得祿，地支卯酉沖，地支一片金旺，食傷極旺，以身弱論命，身弱者必以扶身，辛有年時癸水偏財生日元，逢火為印星來制食傷，反而智慧開竅，大運最喜走南方，地支巳午未，天干丙丁火必有一番成就。

年	偏財	癸酉	辛食神
月	食神	辛酉	辛食神
日元		己卯	乙七殺
時	偏財	癸酉	辛食神

年戌亥空　月子丑空
日申酉空　時戌亥空

大運							
2	12	22	32	42	52	62	72
庚申	己未	戊午	丁巳	丙辰	乙卯	甲寅	癸丑

▲阿雄八字命格

阿雄紫微斗數命理之大限分析

一、大限三十二至四十一走本命子女宮庚申宮（八字大運走丁巳運南方氣）庚干太陽化自化祿，武曲化權入本命的財帛宮，此大限有合夥投資且能賺到大錢。

二、大限四十二至五十一走本命財帛宮己未宮（八字大運戊午運南方當旺）己干武曲化入大限命宮加上化權，處事能掌握一切，事業宮癸幹化祿大限財帛，本命官祿宮，能獨當一面並創造商機。

隔日早上林青龍師徒，帶阿雄母子去尋找龍穴，此龍穴在阿雄家後山一塊山坡地，是一塊難得一見的風水寶地。此地由貪狼星剎換化為平龍岡，其靠山太陰星下脈，左青龍由田地化為砂手，右邊白虎砂由梯田化為砂手，山法家稱為微芒砂，明堂聚水池，稱為天心聚水，案山由梯田水來朝拜，此地山法家稱為龜穴。龜穴有水池稱為活龜穴，其功能為將來所蔭出的子孫為文秀帶富格。

林老師將此龍穴的功能，向謝家母子詳細解說，依照山法家的論斷，此山體是平洋龍由金星下脈，此龍穴在十年中必會顯示其功能。左右砂手由田地來作砂，其左右平均而本質土比較多，將來在社會上所交的朋友以文秀帶富來相挺，明堂有水池，一般解說水為財，其實它最大的功能是作為調候節氣，在《易經》解說，水為智慧，也就是處事較為冷靜，能把握時機，前面案山梯田水來朝拜秀氣，又近者，山法家

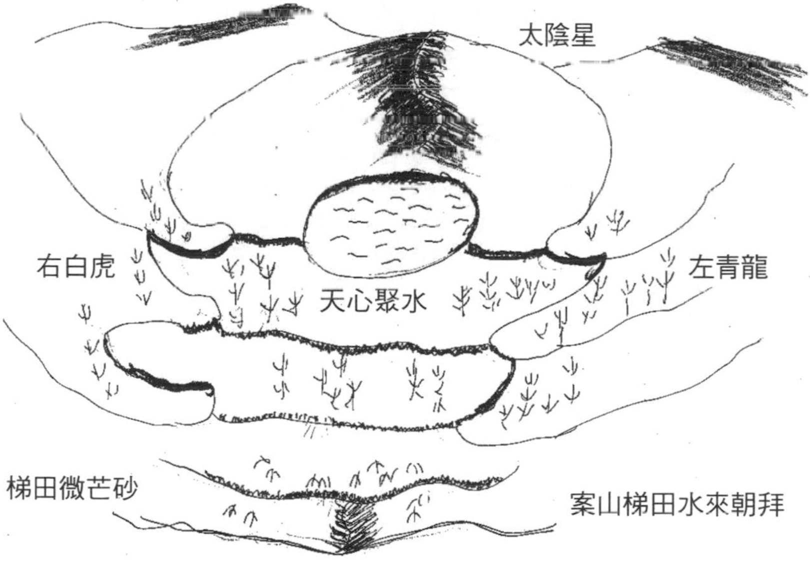

▲案山梯田水來朝拜，水流下進，聚財。

稱為伸手摸著案富貴在眼前，所以此地的龍穴會帶動子孫，將來在社會上有一番的成就，其實寅造卯發，在民間流傳的解說是寅時葬卯時發，三點至五點葬五點至七點發，其實並非如此，而是指下葬後不久，此地的龍穴會讓子孫創造商機，賺到錢財。

次日一早，林青龍請母子二人去山上，定分金破土，母子跪在地面，向當地的土地公感謝，賜一塊風水寶地。林老師說：「依照妳先生的生辰，最好是十四天後的甲午日寅時埋葬，這個日期要注意，在下葬之時，如果東方有一群白鶴飛向此地，要趕快放鞭炮，你們將會遇到一些奧妙的事。」阿雄問什麼事情會發生，蔡之元說天機不可洩露。林老師接著說：「我將幫你找到龍穴，你可請人來挖土，但不可太深，若在挖土之中見黃白石就要停，此石為龍石，若挖太深就會破壞龍穴，損壞龍身，明日我就要離開，繼續往北尋找龍穴。」

到了甲午日清早，母子到山上準備安葬謝先生的骨骸，寅時是安葬吉時，阿雄將父親骨骸的金斗放在墳墓裡，忽然天空出現一群白鶴向東飛來。阿雄想起林老師的交代，即刻將金斗安葬中間，把土埋妥，並放鞭炮。天空的白鶴受到驚嚇往西北飛去。阿雄對母親說，林老師有交代，若遇到白鶴是吉兆，白鶴所飛的方向會有一些意外的事件，所以要隨白鶴飛的方向追上幾公里，再轉頭回家。

母子二人大約追白鶴三公里左右，在路上發現一個箱子。二人感覺很奇怪，在郊外的山上，怎麼會有此東西？二人不知誰丟掉的，也不知裡面裝什麼東西。謝太太說林老師交代，不論在半路上遇到何物，都不能打開，趕快運回家再說。二人將笨重的箱子費力搬回家，休息片刻之後，阿雄心想，奇怪呀！林老師今所擇的日課，到底是怎麼一回事，心裡很納悶又不敢去開箱，因為林老師特別有交代，若見此物必等候七日才能打開。

原來，這個箱子是附近的山賊將所劫來的金銀財寶，全部放在裡面。因為這群山賊被官兵追趕，聽到鞭炮聲以為是官兵追過來，趕快分散逃命，留下了裝滿寶物的寶箱，剛好白鶴受到驚嚇，往西北飛去，讓他們母子獲得。

謝家母子等待七天後，將箱子打開，發現裡面裝滿金銀財寶。原來，林青龍老師所排的日課，就是若見白鶴，必會遇到奇蹟。他要謝家母子驚嚇白鶴，朝西北方追，若遇到物體不可當面打開，要等待七天，是因為這一群盜賊離開後，回來找不到寶物，找不到又怕被官兵發現，趕緊離開了。林老師早就預言，將此事妥當安排後，要趕快在外頭點三支香向當地的土地公答謝，安排庇蔭遇到貴人來相助。林老師離開前也交代阿雄，日後若有發展時，要在地方上多做一些善事，報答土地公賜你改變一生的運勢。

林老師應用奇門遁甲，搭配日課，其重點在山體的真龍真穴來配合，若只靠日課其力量不夠，必須配合山體、理氣、日課三方面，效果才會顯著。好的風水地理配合吉日，今日林老師所選擇的日課是用甲午日寅時，甲天干祿位在寅，配合奇門遁甲。阿雄父親之墳墓坐南向北，西北為出水口，奇門遁甲所排天遁在西北方，甲午日祿在寅，所以在寅時吉葬是最好的良時，且搭配天遁在西北，又是甲午日甲幹長生位在西北方，必會有些奇妙的效果。

奇門遁甲天遁的含意：祭拜神明、安墳修造、求官修道、開市利市、求財求利、易獲偏財、出遠行平安無事、百事皆吉，有吉無凶的效果比一般奇門盤更佳。天遁有基本條件，第一盤：生門配合天盤丙奇地盤丁奇天遁。第二盤：生門配天盤丙地盤戊天遁。第三盤開門配合天盤丙天遁。

因此，林老師在選擇日課時特別交代，在寅時放鞭炮，半夜炮聲特別響，怪不得這一群山賊，以為官兵追來包圍，匆匆忙忙逃走，留下一整箱的金銀財寶。

1. 風水的「三綱五常」

三綱指氣脈、明堂、水口，五常指龍、穴、砂、水、向。

《地理五訣．地理總論》謂三綱：「一曰氣脈為富貴貧賤之綱；二曰明堂為砂水美惡之綱；三曰水口為生旺死絕之綱。」謂五常：「一曰龍，龍要真；二曰穴，穴要結；三曰砂，砂要秀；四曰水，水要抱；五曰向，向要吉。」

氣脈即龍脈，龍脈勢大，如天馬行空，氣象尊嚴，有千軍擁護，旌旗團簇，則生氣旺盛，力量綿遠，結之地乃貴，葬者得氣多，發福悠長。若勢弱則氣薄福小，故曰氣脈為富貴貧賤之最重要者。明堂乃穴前砂水朝會之所，生氣聚會之處，要方正端平。如王者聽政之堂，前有朝案，後有枕靠屏風，左青龍右白虎，周遭眾水纏繞城局完密，始為藏風聚氣之佳地。若明堂側裂傾頹，從護之砂縱佳，生氣亦難融聚，或縱有所聚，亦隨風而飄散，故曰明堂為砂水美惡之最重要者。水為財源，亦為生氣之外氣。若得重重關鎖，則氣盡聚於垣中，是為生、旺；如果直去無收，則財氣盡泄，是為空亡之地，亦曰死、絕。故曰水口為生旺死絕之綱。

五常之中，龍真者，謂其勢遠大，發脈悠長，纏護綿密，帳幕重重，有迎有送，剝換星尊；穴結者，謂龍勢止息，垣局周密，眾砂朝拱有情，明堂平坦端正，曲水繞抱，證佐分明。砂要秀者，但凡山形水土，皆為生氣所發生，清秀圓潤，茂草修林，為生氣之形。若山焦草枯，巉岩崢嶸，是為惡氣所凝也。水要抱者，來水彎環而繞護，去水之玄而回顧，皆有情向穴，穴心周圍之水，均須上開下合，臨頭合腳，合襟纏繞如蝦須、蟹眼、金魚之形。向要吉者，謂當避凶煞之方，如五鬼方、絕命方、禍害方、六煞方；就其吉利之方，如生氣方、天醫方、延年方、福德本位方。

2.天下第一武將格（朱德祖塋的風水格局分析）

西元一九八九年，我帶學員跑遍大江南北，看過無數的名人祖塋，如中共領導人毛澤東、鄧小平、朱德、楊尚昆、彭德懷、胡錦濤，臺灣政治人物馬英九、宋楚瑜的祖宅祖塋等。

最值得研究的就是朱德先生的家鄉。

我們都知道朱德先生官拜中共大元帥，以武將為主體，在山法家的理論上，若是此地要蔭出武將之格，必須有它的條件，如帶旗、帶鼓、帶天馬、帶天府，才能蔭貴出元帥之格

當初我一路到中國勘查，就設定要到朱德家鄉四川儀僱縣探討怎樣的風水格局，能蔭出一位偉大的元帥？在西元一九〇〇年代，中國還未大建設，交通不方便，吃了很多苦頭，只靠一張地圖一路追蹤尋龍，驚險尋龍來到儀僱縣，還未到朱德祖宅時，山丘有很多天馬鞍星，依照山法解說，若此地有天馬鞍星必出武將之格。

天色接近黃昏，我請教當地一位農夫，問此地有沒有出過武將之人，農民說此地出一位老總。

我問他誰是老總，他聽我這麼回答，有一點疑問，竟然不知老總是誰？農民聽我的口音不是本地人，問我是不是從南方來的，但又仔細打量我，看我一身的裝束不像中國人士，再次問我到底是哪裡來的。其實當初到中國考察風水地理，皆盡量不表達來自臺灣，避免一些困擾。農民說此地出一位老總，就是中共大元帥朱德先生。皇天不負苦心人，終於被我追到真龍真穴的好風水寶地。

朱德祖塋，前面案山天府星來朝拜，依照山法家的解說，若是案山帶天府星來朝拜，將來了孫必蔭出三公之地，或是諸侯元帥之格，其實也要配合四周圍的山形。朱德祖塋及祖宅，其四周的山形有馬鞍山及火星旗。

▲馬鞍山蔭出武將之格。

▲有天府如官帽來朝拜，蔭出三公之格。

▲朱德祖塋。

3.解說天池與地理風水的關聯

依科學的理論，臺灣四面臨海，加上臺灣屬於地震帶，地震在地下有熱度，產生水蒸氣，旺盛的水蒸氣往上衝，蒸發造成天池，地理風水稱為龍池。天池的水越清澈，代表下面的溫度越旺，若天池的水中濁，說明下面的溫度有限。西元一九九九年九月二十一日臺灣發生百年來驚天動地的七點三級大地震，在八月份本人到梨山勘查風水來龍，發現天池的水很清澈，跟以前曾經來過的水是不同的水質，那時很納悶，一時無法理解。地震後，本人又到天池勘查，跟我在一九九九年四月所拍的照片水質不一樣。

▲台灣台中梨山天池。

4.龜穴（宋楚瑜祖塋的風水格局分析）

西元一九九三年，我帶學員到湖南考察臺灣宋楚瑜先生的祖塋風水，此穴從遠方一望如一隻活龜穴，此穴由太陰星化氣，其來龍由石貴化太陰帶土質，四周為田地化為左右砂手來護穴，前面明堂天心聚水。依山法家解說，來龍由石貴化氣，此地必會蔭出水提督，因石中帶石為貴格，結果蔭出宋楚瑜父親宋達先生官拜海軍中將，也成就宋楚瑜在臺灣也是一位有名聲的達官顯要。

▲中國湖南宋楚瑜祖塋。

四、尋龍脈到田尾村——陰宅與陽宅相互感應

臺灣的山體大多數是分枝分脈，枝龍特別多，因臺灣的山體從北到南大約三、四百公里，來龍下脈剝換必分枝多，造成蔭出的龍穴特別多，而所結穴陰出的格局力量有限，比如在政界方面，不論官員或是民意代表，富格大部分無法連續三代，為什麼？依照山法家解說：後面的來龍靠山越長越強壯，發起來的福分就越大越長久，若來龍短所蔭出的下一代富貴只有二、三代，臺灣山龍不過是三、四百公里，所以父母星所下脈不夠百里來龍，所蔭出之力量有限，子孫頂多發展一、二代而已，在民間有一句名言，致富不過三代，印證非常正確。

西元一九八九年開始，我走遍中國大江南北，考證風水地理至今三十餘年，考證中國一些名人的祖塋及祖宅的風水寶地，其來龍有的千里來龍才結一穴，印證來龍長庇蔭子孫富貴的力量可達六、七代之多。

▲台灣山體。

林青龍師徒離開內山，一路遊山玩水，追尋龍穴在西北方看到有一座山的山形非常秀氣，便停下來慢慢欣賞。此時已接近黃昏，二人不敢再耽擱，趕快向村落而來。

此村落名叫田尾村，大約住幾十戶人家，師徒在附近找一家民宿休息。

村落裡有一戶陳姓人家，在當地稍有名氣，有兩位兄弟，長兄陳南財，小弟陳北財，雖是同父母所生，但個性、長相並不同，大哥南財屬於筋骨質兼營養質，小弟屬於心性質兼筋骨質，南財個性較隨和，是忠厚老實的人，北財五官秀氣，聰明狡猾口才流利。南財現今四十歲，從結婚至今十多年尚未有兒女，古訓有一句話：不孝有三，無後為大，娶妻後不育子女為不孝，南財為此事日夜煩惱，心想為了傳宗接代，打算再娶一房，其妻知悉，為此事大為不滿。南財因膝下沒有兒女，覺得有愧於祖先，執意要納妾，於是，夫妻為了納妾之事，經常大吵。

一日，陳家兄弟在客棧飲酒解愁，恰好林青龍師徒也在客棧用餐。

林青龍眼見在左邊一桌，有兩位兄弟在飲酒，年紀較大的男性手拿酒杯一口接一口猛喝，就感覺不對勁。這兩位就是田尾村的陳家兄弟，小弟北財不斷地安慰大哥南財。師徒好奇就到櫃臺面前打聽得知，原來老大是為無後代而煩惱。林老師就對蔡之元說，有關生育兒女的問題，一般跟陽宅四周的環境有很大的牽連。

林老師決定幫陳家改變運勢。隔日，師徒二人到陳家附近看風水。

陳家的老大南財聽僕人說，外面有一老一少手拿羅盤在量方位，便立刻出來與他們師徒打招呼。

南財問：「兩位先生到此地有何事情？」

蔡之元說：「你住宅裡小孩不多，也就是人丁不旺。」

南財聽後非常驚訝地問：「先生看來不是本地人，你怎麼知道我家人丁不旺？」

蔡之元說：「不瞞你說，我們是從唐山來的，一路遊山玩水尋龍點穴。」

南財聽到是唐山的地仙，非常高興，忽然腦海裡浮現出一群小孩在遊戲的場景，難道是土地公引線嗎？南財請師徒到裡面喝茶，並請問先生貴姓。

蔡之元說：「我們是從唐山泉州府來的，這一位是我的老師，在泉州十分有名氣的地理師林青龍先生，我是他的弟子蔡之元。」

林老師說：「昨日你在客棧喝悶酒，我好奇向掌櫃打聽，略知你的一些事情，從面貌來看，你眼下的淚堂及人中沒有破相，將來肯定會有兒女，若

▲陽宅四周有水，跟生育有關。

沒有兒女必與住宅風水有關。」

接著，林老師對陳家老大說：「如果沒有錯，你的上代祖先在當地很有名氣，南財說確實，在祖父這一代，村落附近百里內無人不知無人不曉。我祖父在當地很有名氣，以前人丁很旺，後來親族大部分都離鄉發展，只剩我這一房留在家鄉，但我這一代的人丁越來越少，甚至快絕房，不知跟住宅的風水有何牽連？」

林老師說：「確實有很大的關係，我再問你若是沒有錯，你家親戚曾經有一位女性，在外很有名氣。陳南財說確實，有一位姑媽嫁到鹿港，聽說很會理財，經商有成，在當地是一位女強人。」

陳南財很不解地說：「老師你怎麼知道？」

林老師說：「從你家的住宅磁場感應來看，會蔭出一位能幹的女性。」

林老師為了讓陳家瞭解風水的奧妙，特別解說。

次日，林老師選定吉日良時，將住宅西南方的水池填平。

不久，陳家媳婦懷孕，連續生一對兒女。

陳南財到處打聽林老師師徒二人的下落，想當面感謝，誰知師徒早已離開此地。

陳南財遵從林老師的交代，感謝當地土地公的引線，若有生兒育女，要多作善事積德，將來兒女會有福氣。

1. 現代住宅與古代住宅的風水區別

古時的陽宅，特別是三合院的陽宅建築，在住宅的四周大部分有水池，若以《易經》環境學的理論看，水最大的功能是在調節氣候。

以現在陽宅規畫設計，一間陽宅包含能量學、顏色學、建築學、自然生態學、五行學說、心理學等與人類的居住有關聯的學科。

現在的住宅跟以前的住宅相比有很大的變化：

▲古時三合院前多有水池，調「候」溫度。

▲現代陽宅。

一、能量：住宅中的金屬、燈光、冷氣、電腦、火、冰箱等，可以發出能量，會影響居住的人。

二、顏色：會配合四周的環境來規畫，及每個人皆可以不同的喜愛和觀念，做最喜歡、對身體有幫助的規畫設計。

三、建築：以規畫四周的環境為主，注重環境美觀，結構安全，使用安全等。

四、設計：以風水陽宅配合空間設計、溫度、濕度、風速、聲音、視覺採光、空氣的對流、空間的規畫，給人體舒適的感覺。

五、自然生態：以環境配合四周形成人住的磁場來規畫，引動磁場影響人的思想，及個性身體方面。

六、五行：含土木石的建築材料及四周的磁場，以相生相剋的原理，來影響住的人有舒適空間品質。

七、心理：以住宅的溫度，相對的濕度，氣流的變化，空間的影響，聲音的調配來規畫設計，影響居住的人，使心理感到舒適的作用。

2.陽宅與胎元之說

一般的三合院規畫設計，在明堂前面或是左右邊大部分都有水池，以前住在三合院的大部分是有錢人家，經過幾代後人丁越來越少，一般的員外娶妻納妾，在古時也是一種風俗，對他是一種尊嚴也是炫耀。有錢人家上一代人丁旺下一代人丁不旺，所以家中納妾特別多，但還是人丁不旺，到底原因出在哪裡？這與四周的環境有關係。

西元一九八九年，政府開放中國政策，我跑遍大江南北，看過無數三合院及臺灣的一些古宅，發現大部分的三合院規畫設計，在明堂的左右都有水池，以山法家的理論解說，水池會催貴，也會催財運，經我驗證確實有這種功能。

但是跟生兒育的確也有關聯，在山法家的理論中，水為催貴催財，也會破胎元（其實有很多理論無法在故事中解說），陳家三合院坐東向西，前面明堂的左邊青龍邊，也就是西南方有水池，以三元九運的理論來看，是走上元運，若在上元運有水池，必會影響胎元。

3. 財丁兩催

在古時所留下的三合院，前面大部分在規明堂的左右邊時，都規畫有水池，經過數代後，住宅有很大的變化，有的明知風水會有影響，也不敢去改變祖先所留下的風水設計，特別是明堂的水池，不敢去改變，怕得罪祖先不敢負責任。所以，很多大富人家，經過數代後造成家落中道，有的財丁不旺，也不敢去改變風水。

▲未德祖宅，內有水池。

4.人丁興旺與風水

依照山法家的解說，山管人丁水管財，天地間造物皆順應大自然的規律。臺灣地區，生男生女絕對與地形有關係，依山法家的解說，住在山上的居民，平均生男孩的比較多，而住在平陽的人，則生女的較多，這是何種原因呢？其實是山體與地理的影響所致。

以臺灣的自然地形來說，嘉南平原及北部地區都是平地，統計起來確實所生的下一代女孩較多，而住在山上的居民，生的男孩較多，這是冥冥中注定的自然規律，因為住在山上的居民較需勞力，所以老天爺賜他男孩較多。

在風水學曾有一句話，山出貴水出財，為何水為陰，會出女子？古書曾記載，高一吋為山，低一吋為水，平陽地形本身較易出水局，水在山法家的解說為陰，陰聚多自然易出生女子。以現代的醫學角度而言，是跟飲食作息有關，食物一般分為鹼性與酸性，也因此而有生男生女之差別。

以現代的理論解說，也就是勞力付出多的人，生男的機會比生女的機會多，在辦公室上班的人，平常勞動付出少，可能生女的比較多，比如在海邊的居民靠海吃飯，在海邊所生的男性較多，所以跟食物方面及勞動付出，確實有關係。

再以風水的角度來探討，我從事五術地理風水三十年來，累積經歷，勘查無數的風水，發現確實跟四周的山形不無關係。

我曾經應一位陳先生的邀請，去他家的祖塋勘查風水，此地在臺北觀音山公墓，我將羅盤一量，對陳先生說：「依照此地形及坐向，若沒有錯的話，你們的家族女生應該勝過男生。」

當時陳先生愣一下說：「先生你說得真對，我們兄弟有五大房，但是為何女生較多？今天不瞞老師，就是為此事才邀請你來鑑定。他說之前也請過無數的地理老師來鑑定，但沒有像你這樣一針見血地指出。」

我對陳先生說：「不要重男輕女，你家的祖塋來看確實女生比較多，但是女性在家族較有掌權力，也就是說女性的成就勝過男性。」陳先生說：「確實，不過老師是如何斷此風水蔭在女性的呢？」

陳家祖塋坐北向南，一般的論法，左邊青龍邊一四七，中間二五八，右邊白虎邊三六九論房份，其實和現代的風水理論有很大的差別，因為古時論風水，以男性為主，並有重男輕女的觀念，大部分將女性排斥在外，

以此風水來龍秀氣，左邊青龍與右邊白虎砂均為平均，在山法家巒頭，是難得一見的風水寶地，最主要是前

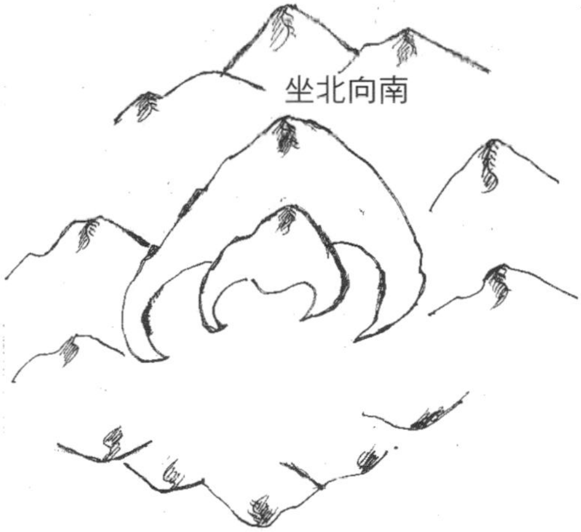

▲案山秀氣來朝拜。

面的案山秀氣來朝拜，案山帶金星，稱為戴金珠，此風水所蔭出的子孫，女性大部分較有出頭天的機會。以八卦的理論來說，前面明堂所聚的氣以陰氣較重，因此，此風水之墓，所蔭出生出的女性較多。

陳先生說：「確實，家族的女性較能幹，在社會上也較有成就。」

我對他說：「陳先生你很好命，他說你怎麼這麼說，難道是跟祖塋風水有關係嗎？」

我對陳先生說確實：「跟此祖塋有關，若沒有錯的話，你上一代的一些女性長輩較為能幹，在家掌握權力，他說對，從祖母至母親家裡的事務都是她們在做主。我對他說，連你的兒媳的能力也勝過你兒子，陳先生說，老師你很厲害，這一點細節也能論斷出來，確實現在的兒媳論學歷是碩士，我兒子大學畢業，而兒媳不論階級或是薪水都勝過我兒子，他說老師，所以說此為祖塋的風水所賜，天注的因果，要去改變也難。」

在林口盆地有一門風水，人丁不旺，而下一代的子孫也財運不佳。記得有一次，一對李姓夫妻邀請我去勘查祖塋風水的吉凶，我四周勘查後，對李姓夫妻說，你家的祖塋有幾代的骨骸埋在此處？他說有兩代，是他祖父母，及雙親的骨骸埋在此墓。

我勘查後，對李姓夫妻說：「此地的風水對你家的子孫不利。他說自己也有感覺，自從父母親骨骸埋在祖塋後，下一代的子孫一連發生意外，或事業不順，今天請老師來勘查，最主要是我有三個兒子都已經成家立業，但至今兒媳都沒有生男丁，全生女孩，是跟風水有關係嗎？」

李家祖塋坐東向西，右邊白虎砂順水反跳，依照山法解說，風水最忌諱水反跳，代表無法聚財，此風水所蔭的子孫，在事業上投資或是創業，容易大虧損，嚴重會發生官司糾紛。李姓夫妻一聽我所言，說他們的三個兒子確實在事業上不順，而大兒子去年犯官司，難道是受祖塋的風水所影響嗎？李先生又說，不瞞老師，去年我也經朋友介紹一位大師來鑑定風水，但是這位大師說是我家的女兒比較不利，結果不是女兒，而是兒子出的問題特別多。

我對李家夫妻說，一般的解說是以左邊青龍論男性，而以白虎邊論女兒，而在白虎邊順水而走，這是風水

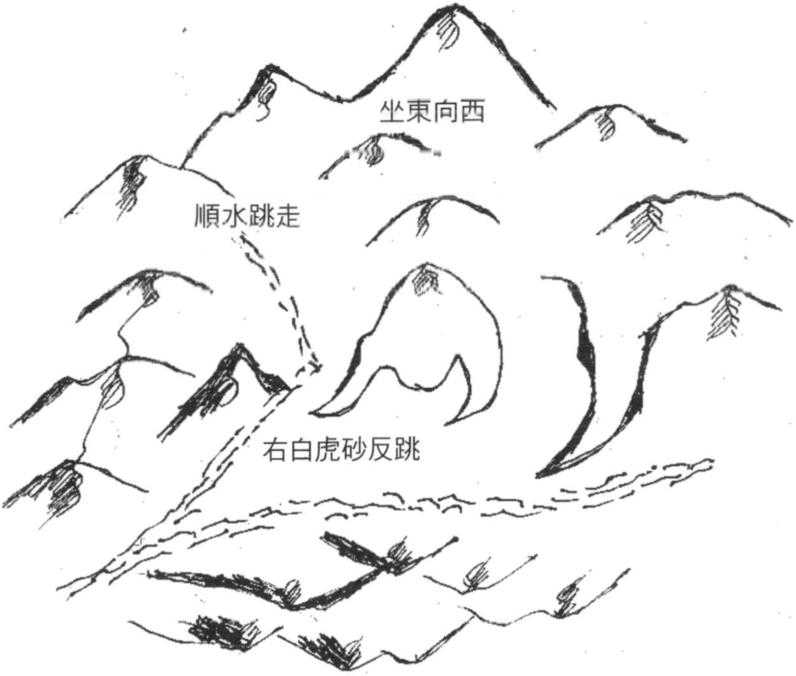

▲順水跳走不聚財。

的邏輯論。其實這在現代的風水理論上會有差別，因時代的改變，現代人很多都生女兒，而在以前的觀念，稱為倒房，也就是沒有生男丁，這是錯誤的觀念。

你剛才說最主要的因素，是為何兒媳都是生女孩，依我的觀念，男孩女孩都是兒女，在風水的理論上，是不分房份的。因為以前的人，沒有詳細瞭解血緣的關係，其實不論男女都跟祖塋的血緣有密切的關係，兒女的血緣都是占四分之一，所以現代的風水學，要以血緣為主，才適合現代的邏輯。

你家的祖塋，最主要是坐西向東，而在白虎邊的位置，西北、北方、東北方，在《易經》和八卦的理論上，屬於陽卦，而順水跳走。在風水學的理論上，稱為先天沖破，先天屬丁，後天屬財，是最主要的因素，加上右邊山頂流下的溪水順水反跳，對事業財運絕對不利，子孫在事業上容易破財，又交友不慎投資容易吃虧。

我對李姓夫妻說，你家的祖塋不是好風水之地，必須遷移，才能化解子孫的運勢，後代才有機會生男丁。

五、金蛇出洞——真龍真穴

林青龍師徒離開田尾村，來到山內，一路遊山玩水觀察來龍去脈，忽然在南方發現一座山頭，遠望如一條金蛇出洞。

這時林老師對蔡之元說：「此地必會蔭出一位富貴之才，此來龍由武曲星，是非常尊貴的山體，一伏一跌，最重要是在束峽，依照山法解說束峽越小此力量越大，若如絲線過脈最為尊貴，化氣至穴場必成一塊大地之格。」

蔡之元問林老師：「後面的靠山跌伏很深，有何作用？」林老師對蔡之元說：「龍不起頂非真龍！也就是一條山脈必須有跌伏，所集中的氣，才有力量剝換，若下脈由小而大，山法家稱為化氣結穴最為上格。此龍由父母星起峰跌伏剝換，絲線過脈最為尊貴，左邊青龍砂長來護穴，右邊白虎砂長來護穴，如一隻鳥

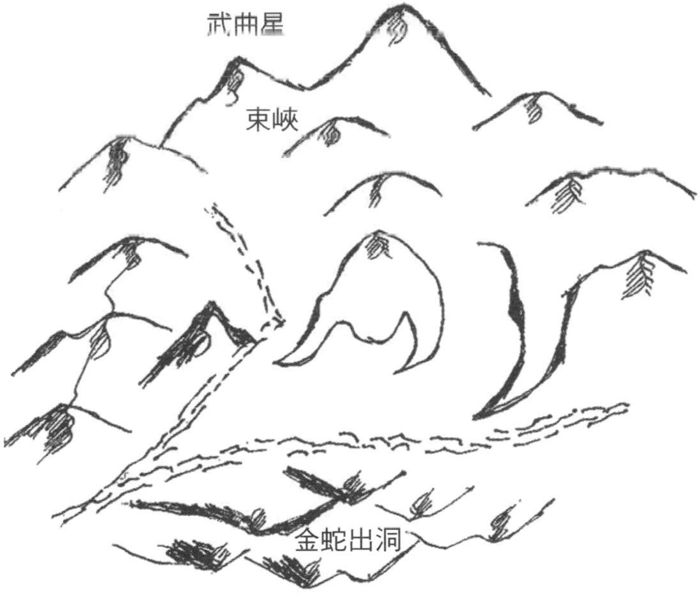

▲金蛇出洞。

展翅，明堂案山太陰星來作案，左右有本山的元辰水繞明堂，前有溪水過明堂，山法家曰：『前面明堂案山近』，稱為伸手摸著案，富貴在眼前。」林老師向蔡之元解說此龍穴的精華。

師徒二人欣賞此龍穴後，向鎮上而來。在客棧用餐時，見客棧外面圍一群人，只見一位少年大約十五、六歲左右，手拿一塊白布寫賣身葬父。哦！林老師看此少年五官清秀，又如此孝順，非常感動。忽然間，聽到有人大喊：「你的事情由我來處理，你父親的喪葬費全部我來負責。」

少年抬頭一看，有人願意幫助他，非常感恩。

林老師心裡一動，鎮上竟然有這種慈悲心之人，詳細一望，見此人五官清秀眉毛粗，但現在氣色不佳，最近可能面臨一些困難，不過此人會脫離困境，將來會有一番成就。自己有困難還要幫助別人，林老師很敬佩，叫蔡之元多少拿一些錢財幫助少年。

隔日，師徒用餐後，繼續觀察四周追查山龍，這一晚上又回鎮上客棧休息。在晚餐時，聽到隔桌有人在說：「周志忠自身難保還在救濟別人哦！」原來是在說昨日在客棧外面救濟少年的中年男性，他本身的經濟不好，自身難保，卻願意拿錢財來幫助別人。林老師師徒聽到後，忍不住讚嘆世間竟然還有這麼慈悲的人，確實很難得！林老師心存好奇，叫蔡之元去隔桌詳問，原來周先生在當地是個樂善好施的人士，因為幫朋友作保被連累，不幸財物周轉出問題，林青龍聽完後，心裡非常感動。

隔日要離開鎮上，林青龍忽然想到昨日所看到的中年人，世間竟然有這種人，身為風水的達人，不免想去瞭解與勘查，於是師徒再回頭往周先生的店面而來。四周勘查後，二人發現此店面坐東向西，前面明堂有一條路沖，以現在的元運路沖對此店面不利。

一般人對路沖都很忌諱，其實路沖分為偏沖、高低沖，所發生的吉凶會不一樣，有的路沖越沖越旺，必須配合元運。在市面上有很多店面住宅是路沖，有的店面越沖生意越好，也就是得到旺運不怕沖，若是遇到衰運，此沖必有災難臨頭。

師徒二人進入周先生的店面，看周先生在櫃臺整理帳簿，一臉憂愁的氣色。周先生看到師徒二人問有何事，林老師說：「我沒有事情，是你有事

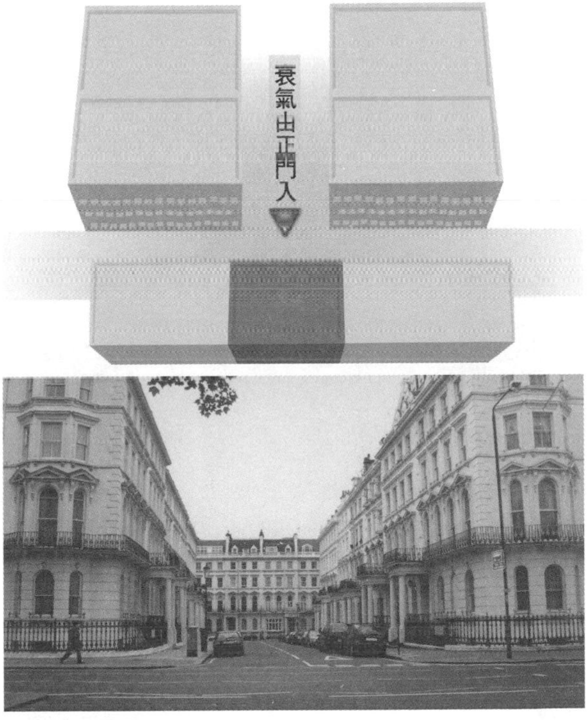

▲路沖示意圖。

情。」周先生愣了一下說：「我有何事？」林老師說：「你面貌的氣色不佳，必與錢財關。」周先生聽後有一點驚訝地問：「先生你怎麼知道？」林老師說：「你的財帛宮及下巴兩側氣色不佳，代表為錢財而煩惱。」周先生有一點驚嚇又好奇，心想，我與此人素不相識，他怎麼知道我的經濟狀況？他詳細打量師徒二人，又問：「先生是懂五術嗎？」蔡之元說：「實不相瞞，這一位是我的老師，我們從唐山來的，我的老師在泉州府從事風水地理，前日在客棧看到你的作為，感到很敬佩，你已自身難保，竟然還勉強拿錢財幫助一位喪父少年，幫他解決困難，是一位難得一見大善人。」

周先生說：「人生在世，若有能力幫助別人就應該盡一點責任，助人為快樂之本。」

接著，他問林老師：「我的財運到底出了什麼問題？」

林老師說：「跟你的店面風水有關係。」周先生說：「就你老師剛才所言，我的經濟狀況確實不好，最主要的原因，是被朋友拖累，錢財借給他還為他作保，現在債主直接來向我討債，人在倒楣時種葫蘆生絲瓜。老師，我的店面在風水上還有救嗎？」

林老師將周先生的店面風水詳細解說：「此店面坐東向西，前面明堂有一條路沖，以現在的當運上元運，所沖的運勢對住宅不利，西方在《易經》解說為文昌位，被沖者在文書方面容易出狀況，而你本身為朋友作保，屬於文昌方面出問題。一間住宅的風水是受到四周環境所影響，要改變四周的環境確實不容易，現在最好的補救方法，就是在住宅的後面挖一個大水池。原本是不該在住宅的後面挖水池，在風水的理論上犯煞，但你的店面有路沖，將煞氣反運，如果不這樣做只能搬家了。」

林老師還對周先生說：「今日你與我有緣，從你的面相來論，是屬於筋骨質兼營養質，額頭寬廣，天倉微削，額頭高，代表學習能力強、反應快，天倉削，對事情很積極，這兩個部位搭配起來，就顯示你做事積極主動、想法豐富、反應靈敏，遇到困難會力求突破。再來看你的眼睛，細長有神，代表遇事能抓緊機會，有責任心。再來論鼻子，鼻子高，有主觀，有原則，不會人云亦云，給人方正不阿之感。眉毛清秀，對人有情有義。另外一個部位就是人中，人中就在鼻子以下到嘴唇之間，人中長的人，守信用，答應之事必會盡力去完成，而且很有守時的觀念，通常人中長的人也較守法。再來最重要的部分，是你的聲音相當穩重，柔中帶剛，聲

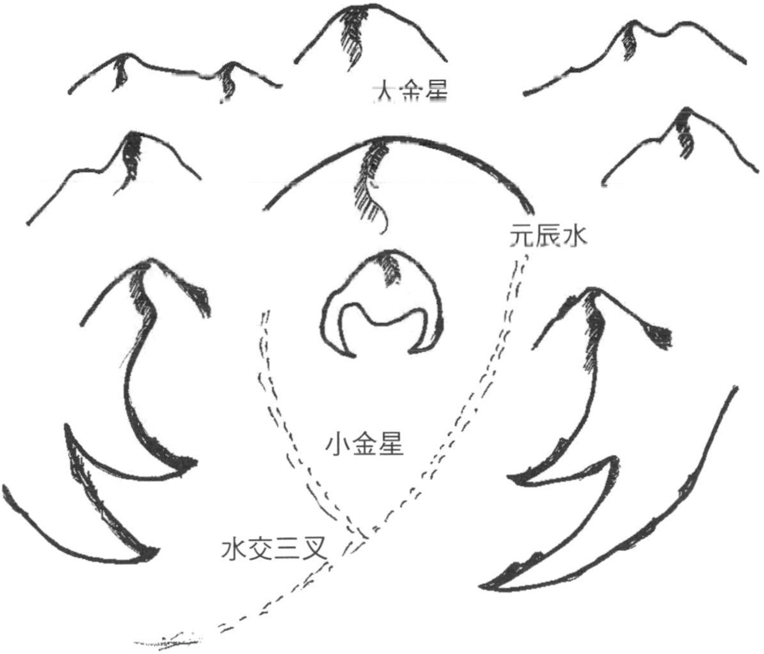

▲來水交叉，為寶地。

音柔的人比較冷靜，做業務者，聲音柔較吃香，因為聲音柔不會帶給人壓迫感，顯示他處事不會急躁，有始有終，而且言談之中，他會尊重別人的發言，不會想要去搶風頭，這是你的面貌優勢，個性較慈悲。」周先生聽了，不斷點頭。

林老師對周先生說：「今天你的作為讓我感動，既然你店面住宅的風水有煞，你家的祖墳風水就不是真龍真穴，才會蔭出現在的運勢不佳。」

周先生說：「確實有一些關聯，十年前在我父親過世後，我的運勢就不是很順暢，所交的一些朋友大部分是酒肉朋友，見財忘義，這幾年受朋友牽連，錢財有借不還，加上我的個性重情重義常吃虧，才會造成今天的局面。」

林老師說：「好人做到底，隔日，他開始尋龍點地，發現有一塊風水寶地。

他帶周先生去看，並解說道，從遠方一望如大金貼小金，此地很適合你樂於助人的個性，將來你父親的骨骸埋葬此真龍真穴後，會蔭出好運勢，改變你的一生。」

幫助完周先生，林青龍師徒離開周家的鎮上，向北而行。

一路尋龍點地的二人，在半途碰巧路過先前鎮上賣身埋父的那位少年的家門口，被少年看到。少年人姓陳，名志信，林青龍師徒當時拿錢財贊助，當下沒有時間向他們答謝的少年，便趁此時謝謝兩位的慷慨。

林老師說：「你的安葬費用應該沒有問題。」少年說：「確實沒有問題，但是內心很難過。」

蔡之元問：「為什麼？」少年回答：「幫助我的這一位周先生，自己的財務出問題，為了我父親的安葬費還拿錢財幫助我，我知道後心中不忍，想以最簡單的方式將父親安葬後，剩下的錢還給周先生。」

林老師聽到此少年的心聲，覺得他懂得知恩圖報，甚是難得，此人將來在社會上必會出人頭地。

林老師說出自己的身分，少年聽到林老師是一位從唐山來的地仙，非常高興，便跪在林老師面前，拜託他幫自己找一塊地埋葬父親。

林老師說：「你是個懂得感恩之人，又孝子感動天，我免費幫你找一塊真龍真穴。」

少年非常高興，林老師說，我帶你去看一塊地。少年隨師徒去看此穴，此穴即是在前段提過的金蛇出洞之地。

▲龍穴土質優良。

林老師將金蛇出洞穴詳細解說：「本來此龍穴我們師徒是純欣賞，不過此穴跟你們陳家有緣，冥冥之中老天爺被你的孝心感動，加上你懂得感恩，所以賜給你。此穴場不可貪大，一般有錢人家找到龍穴就大興土木，造得很氣派，而不知已將龍穴破壞。在山法家的理論中，一個穴場的大小，是以龍脈的八分脈來判斷墓穴的大小。」林老師對少年說：「此穴雖小但其力量無比。」他交代少年去找幾位工人，選吉日安葬其父親的骨骸。

林老師選擇的日課為吉三煞，年甲寅天運九，月丁卯天運九，日庚辰天運九，時庚辰天運九，配合坐山坐東向西。當日在龍穴的方位挖土，挖出土質黃中帶白，見到碎石，用手輕輕一剝如粉一般，石頭像蛋黃。林老師非常高興，對蔡之元說：「此地是真龍真穴。」隨後，他對陳家少年說：「這塊地是你的福報，而你懂得感恩，不用幾年你就會有發展，記得有發展之後要多做善事積德，這就是報答我。」

跟黑面林學風水

1. 伸手摸著案，富貴在眼前

在風水的名言中常聽到這句話，伸手摸著案，富貴在眼前，也就是說在明堂的前面，有一座山來朝拜且很近。但有條件，不是每一座山在前面，就稱它伸手摸著案，富貴在眼前，若是前面的案山不秀氣，反而有壞處，若是破碎的山形來朝拜，將來子孫在外所交的人士不正派，會交友不慎被誘惑受其害。一隻真龍真穴在下脈結穴，前面的案山必秀氣相輔相成，也就是案山必秀氣，若案山不秀氣，此龍穴必會轉頭，而伸手摸著案的含意，就是在此建造後，它的功能就是束發。

2. 何為真龍真穴？

何為龍穴？就是此地能藏風聚氣，在地質上，冬天取暖，夏天取涼，冬暖夏涼。一副骨骸放在龍穴，就是能保溫將好的磁場感應到下一代，若是骨骸埋在此地，無法保持適當溫度，有的太濕或是太乾燥，無法藏風聚氣，將不好的磁場感應在下一代，就會有凶無吉。

3. 枝龍多必有詐

辦完陳家的事後，師徒一路往北而來，蔡之元跟隨林青龍老師將近三年多，這次能隨老師來臺灣學習，受益最為良多。他問老師：「為何往北而不往東？」林青龍說：「你終於開竅了，唐山福建老家的山體來龍較長，越靠海邊的山體較為破碎。臺灣的龍體雖然不長，但分枝多，看起來到處有龍穴，確實很難追尋，在山法家的解說，枝龍多必有詐，也就是多枝腳龍特別多，容易被誤導為真龍真穴，其實假穴多。山法有一句名言：入山觀樹頭，何處有龍穴？龍體如一顆樹木分枝，分枝越多枝腳龍越多，枝龍多必有詐，尋龍必詳細。」

4.山有八面之分

蔡之元問：「一路跟老師追尋龍穴，要如何去判斷往東或往西？」林老師對他說：「我們從內山一路追龍轉一個角度，是不是同樣的一座山體？也就是有不同的山形的體態。」蔡之元說：「對呀！我怎麼沒有體會到，但老師要如何去分辨？」林老師說：「山有八面之分，山法家曰入山先識得祖山，欲識其子，先看父母星，也

▲用樹木分枝來看山體分枝。

就是要懂得分別山體的背與面，山體有八面，有背、面之分。」

林青龍師徒一路往西，以臺灣的山體而論，東邊是背龍（花蓮）下脈至太平洋下脈，西邊一路剝換至嘉南平原到臺灣海峽。

林老師對蔡之元說：「此龍有轉南方而行，有來龍剝換跌伏變化多，此龍行度較長，如果沒有錯，此龍結穴必是大地。」師徒兩人一路遊山玩水追到平洋龍，發現山體有很多山旗，也就是如旗子的山體，依照山法家的解說，如有旗，此地必會出武將之格，若有旗無鼓，此地必出文秀。林老師仔細勘查，只有旗無鼓，所以必出文人秀才。

5.五行山體的含意

在山體的五行，金、木、水、火、土山體的山形，各有不同的解說及功能，若要論貴以火星、木星最為武貴，若問富格以金星、土星為主體，在山法家的解說，石為貴土為文秀。

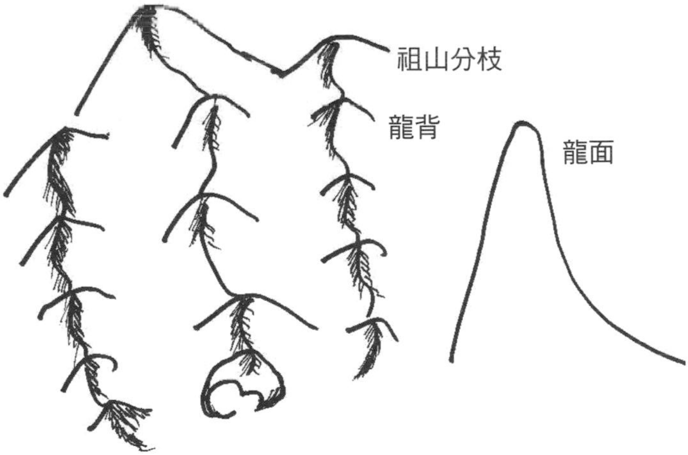

▲山體有八面，有背、面之分

前段曾敘述，西元一九八九年我帶學員到過朱德的家鄉四川儀隴縣，探討怎樣的風水格局能蔭出一位偉大的元帥。朱德家鄉儀隴鎮，當地稱為馬鞍山，確實到處有馬鞍的山體，依山法解說，此地若有馬鞍的山體，必有武將之格。

若只有馬鞍山體而無旗就為論馬夫，若見火星化為旗，此地所蔭出的武將必成格，為大將軍諸侯之地（武貴騎馬，文貴坐轎子）。在儀隴縣的入口有一坐山體，如皇帝召見的聖旨，山法家稱為展晧，又見天府星，是難得一見的大格局。

中國四川儀隴縣，朱德大元帥的祖塋、祖宅前面的案山，有官帽山體來朝拜。依照山法家解說，若是在明堂的案山，有官帽來朝拜，如皇帝要封官，那麼將來的子孫必封為三公之地，也就是宰相、諸侯、大元帥。

朱德祖塋或是祖宅的前面案山，都有天府星來朝拜，特別是他家的祖塋前面案山，坐向對準官帽山案山，最值得探討，就是前面聚水池。依照山法家解說，案山有水池，將來孕育的子孫聰明有智慧，朱德先生官拜元帥，其人用兵如神才華蓋世。

▲展晧如聖旨到。（朱德家鄉）

▲案山有官帽來朝拜，蔭三公之格。（朱德家鄉）

▲案山聚水池，子孫聰慧。（朱德家鄉）

六、路遇旗山——正旗、插旗、破旗與正龍、偏龍

師徒尋龍，發現某個村落有一片旗山（高雄旗山有此旗），此山形為插旗，依山法解說，此山形不是正火星旗，若有真龍真穴，此插旗會變為護旗。

師徒二人加快腳步，往內追找龍穴，山體化為平洋龍開面展翅，住了幾戶人家。

林老師詳細勘查後，對蔡之元說，這塊大地很可惜。

蔡之元對老師說：「這一塊龍穴化陽，確實很秀氣，為何老師說可惜？」

林老師說：「這村落的山體秀氣，不過，是沒有鼓沒有印的山體，剛才我們在前面追龍體，是不是看到旗山？」蔡之元說：「對呀！」林老師說：「外面的水口砂有旗來護穴，必會蔭出貴格，但此村落有旗卻無鼓無印，所蔭出來的以文秀為主，若要當大官，官位不大。」

▲正火星旗（朱德家鄉）。

蔡之元問林老師「旗」有何差別，林老師說：「有插旗與敗旗兩種。」師徒勘查旗山後，一路由南轉北繼續尋龍，林老師發現一座高山雄壯展翅分為雙脈，其中一山頭轉向，此龍體行度剎換。

林老師對蔡之元說：「你要仔細巡察龍體，有正龍與偏龍。」蔡之元問老師：「正龍與偏龍的格局有何差別？」林老師對他說：「要尋龍體必先識龍體，若是龍體正脈必中抽，若是邊龍必多閃。」

林老師對蔡之元說：「正龍穴雖不多，一眼就能分辨。」蔡之元說：「對，一眼就能看出端倪，但請問老師如何去分辨偏龍格？」

林老師說：「山法家有一句名言：『入山看樹頭』，也就是樹木，它本身受大自然的氣候及地形的影響，為了生存會去適應環境，型態勢必有所影響。你可以根據樹枝的方向來分辨山龍的變化，若樹枝的樹葉受到風寒，此樹枝的葉子自然會轉態。」蔡之元聽完林老師的解釋後說：「我現在已經瞭解風水地理的奧妙了，確實很符合自然法則，若無砂手來護穴，樹木的生存就會有變化，若是有砂手來護穴，旁邊的樹木就不會受到風寒侵襲，生長就茂盛。」

師徒二人決定去追偏龍穴，一路跟隨此偏龍行度剎換，發現有一座山頭雄壯有力。

林老師對蔡之元說：「此龍穴快找到了。」

蔡之元對老師說：「是不是此龍起頂必會結穴？」

林老師說：「你已經開竅，上次曾對你說過，龍不起頂非真龍。」

師徒二人追到穴場，林老師利用此龍穴，考一考蔡之元到底對山法的奧妙瞭解了幾分。

蔡之元對老師說：「第一點必須有左青龍右白虎的砂手來護龍穴，第二點龍脈下穴必須有氈唇，無氈唇非真龍真穴。」

此時接近黃昏，師徒不敢貪戀欣賞龍穴。糟糕了！一路追蹤龍穴，忽略此時是在山內，沒有村落又沒有客棧。

兩人正在傷腦筋時，忽然有一位老婦人看到他們師徒，便問兩位是不是外地人？

蔡之元表明是從外地來的，老婦人問是不是要找人，林老師說不是，是一路欣賞這裡的秀麗風景，一時忽略了時間，請問這附近是否有能暫住的地方？

老婦人說山上沒有客棧，要去有客棧的村落起碼要數十里，她打量師徒二人便說：「我看兩位是正派之人，若不嫌棄可到我家暫住一晚，雖不是很豪華，避個風雨還勉強可以。」

於是二人這一晚上暫時借住在老婦人之家，這是一間標準的農家，一位老農夫問老婦人：「此兩位是何人？」老婦人將師徒迷路的情況大致說明。

林老師在晚餐無意聽到，這一對老夫妻在思念他們最小的兒子，他出門至今一年多都沒有消息。

林老師很好奇，問這一對老夫妻小兒子為何離鄉？

這農家姓蘇，蘇老農夫回答：「兒子常說待在內山永遠沒出息。」

林老師問蘇老先生你有幾個兒女，蘇老農夫說三男四女，其他的兒女都成人獨立，唯一最小的兒子從小對讀書很有興趣，去年離鄉到鎮上讀書考秀才，至今一年多沒有音訊，又快過節了，一直盼望兒子回來。

林老師心想這一對老夫妻心地善良，今天讓我們師徒夜宿一晚，心裡非常感恩。他對蘇家老夫妻說：「不瞞兩位，我們師徒是從唐山來的，應諸羅縣東村陳員外的邀請，為他的父親找一塊龍穴，也順便勘查臺灣的山龍。」

蘇老農夫聽到師徒是唐山來的地理師，非常驚訝（在古時一般都很重視風水），於是請教林老師，風水地理能蔭下一代的富貴嗎？林老師說可以，但必須有真龍真穴的感應才能蔭出。

依照蘇老夫妻的面貌，按面相學的理論，他們最小的兒子將來會出頭天。

蘇老農夫的面相屬於心性質兼筋骨質，額頭低，天倉削，處事較務實，命宮寬個性隨和較有度量，顴骨平均處事較中庸，眉毛清秀重情重義，眼睛細長，處事能把握一切，鼻子山根陷，處事能刻苦耐勞，下巴頤頦飽滿，下巴有朝，聲音穩重（以三質的化相格）將來最小的兒子必會出人頭地，最大的兒子個性忠厚老實。

蘇老農夫聽林老師斷事如神，能從一個人的面貌，斷出一家大小的個性，佩服得五體投地。

接著，林老師又為蘇家小兒子看命理。因為命理與風水是有感應的。

蘇家小兒之命，乾造：庚辰年，己卯月，乙丑日，辛巳時，林老師看完蘇家小兒之命排盤，對蘇老農夫說，依照八字及斗數命理，你的小兒子確實本命帶文昌，將來在文秀方面必有一番的成就，會由文轉才貴發展。

蘇家小兒八字分析

一、日元乙木生於二月，乙木當令為旺，乙木得祿，日元乙木既得天時，又占地利，甚於妙造，若再八字配合得宜，取謂人和，則身集三位，實為極點之造，富貴雙全，福壽無疆之命。

二、仲春乙木，得時得地，欣欣向榮，須先癸水滋潤，再以丙火洩其菁英，癸水如雨露之潤，丙火如太陽之煦照，水火相濟，木長成材，此二月乙木用神之正論。

年	正官	庚辰	戊正財 乙比肩 癸偏印
月	偏財	己卯	乙比肩
日元		乙丑	己偏財 癸偏印 辛七殺
時	七殺	辛巳	丙傷官 戊正財 庚正官

年午未空 月申酉空
日戌亥空 時申酉空

大運							
4 庚辰	14 辛巳	24 壬午	34 癸亥	44 甲申	54 乙酉	64 丙戌	74 丁亥

三、柱中癸水藏「辰水庫」均不出幹，不能為用，而庚辛兩金出干，復得己土相生，日元乙木為旺，當可以財生官為用，應知乙木當春向容，生機昌旺，如以金傷之木能成材！呼！匪不能用金，實以金出幹為病，治病之藥，以水化金為藥，乃嫌己土出幹困水，借金洩土解水之困，如是則土生金，金生水，水生木，木生火，五行通暢，水為木之印，金為木之官，及用印化殺（官殺混雜）印為水為用神。

四、日元乙木生於卯月為日祿，祿者十二宮位之臨官也，臨官為出而為仕，為仕可領有俸祿，故臨官又稱為祿，祿即財並合有福義，有不求自來之美，故祿比財好，書有一祿抵千財之讚，（以現代論）如今大學研究所，或中央研究院，皆為學有專業，才學出眾之輩也，乙木當位兼令，故得有博士學位，財官出幹相生，如遇大運或流年為印，應為掌有權位之公務人員，但官多（一官一殺）不貴（官或殺只有一位為貴）官為文職，殺為武職，維有節制力量，官殺混雜本屬為忌，以官多剋身，雖身吐以傷，若身弱其難任期克，故反不貴，文官管理人民，武官節制軍警，不文不武，則為教師或管理學生，或工廠管理工人，本命執教大學教授，得印時掌有行政權位。

五、火弱屬心，應注意心臟器官病痛，現行甲申運，甲己合，巳申合，前合化土，後合化水，土晦火，水克火，均與火不利應多注意。

蘇家小兒大運分析

大運喜北方，地支亥子丑位，得地利之助，忌南方地支巳午未，故辦公桌坐北朝南能增加磁場之助，忌西南則受其干擾。

一、一四歲到二十四歲，庚辰，辛巳兩運，官殺運，殺旺必剋身，身體柔弱多病，就學時不專心，不如意。

二、二十四至三十四歲，壬午運，正印運，行南方，得天時，不得地利，木得水潤，午火制金，醜卯扶寅，寅卯辰暗全，木在木鄉，當位得祿，得有學位，轉困為通，結婚就業，雙喜臨門。

三、三十四至四十四歲，癸未運，偏印運，行南方，癸水為雨露之澤，木得滋潤，芳華外露，得應權位之選，而地支丑未沖位，在妻宮，變生肘外枝折連理，可奈何。

四、四十四至五十四歲，甲申運，劫財運，行西方，甲己合，財合劫，巳申合化水潤木，化忌為喜，化水為印，主有暗權，但財合劫，乃應注意有拱手送財於人之憂。

五、五十四至六十四歲，乙酉運，比肩運，行西方，乙庚合，合官流殺，巳酉醜會金局，辛殺得祿，位當局面，有求自來之方面權位之選，更上一層樓，為一生中的黃金時代。

蘇家小兒紫微斗數分析

大限二十五至三十四走戊子運，戊干貪狼化祿，太陰化權，右弼化科，天機化忌，逢事業宮化科在父母宮，又逢父母化祿在大限，出外有貴人來提拔，若是考試最有利。

大限三十五至四十四走己丑運，己干，武曲化祿，貪狼化權，天梁化科，文曲化忌，走本命化祿科，又逢大限事業化科，對升遷考試最有利，也是人生最高峰。

林老師算完蘇家的小兒子命盤後，對蘇老農夫說，你今天跟我有緣分，加上你們夫妻又善良，老天爺賜你一塊真龍真穴，明日我帶你去勘查此龍穴，夫妻非常高興又感恩。

隔日，林老師帶老夫妻來到偏龍穴，將偏龍穴一一解說：此龍穴曲折剝換，雖來龍的靠山屬於偏龍穴，但有它的優點，在生意事業上處事較會應用智慧，發福必非正士，將來所蔭出的子孫在文學方面能有所發展；明堂溪水遶過明堂，案山土星來朝拜（土星化財局），將來子孫會財中帶貴，也就是出外容易得到貴人提拔；左邊青龍右邊白虎來護穴平均者，將來子孫大小房份平均，偏龍所剝換下脈較長，也就是所蔭出的下一代的時間較久。

蘇老農夫將他的父母骨骸移此地安葬。

蔡之元問老師為何不點正脈，而點偏龍穴？

林老師對蔡之元說，他兒子的八字命理格局屬於偏格，若硬要選擇正脈，在官場或事業發展上較難順暢（在古時，要為福東找一塊地，必先暸解此福東的格局來配合）。

1.正旗、插旗、破旗

火星體化為正旗、插旗、破旗，在理論上就有差別，如火星正旗做靠山，代表祖塋所蔭出的感應，將來子孫為武格或文秀；若是插旗來做靠山，或是來朝拜，變為將來所蔭出的子孫，為掌旗官；若是破旗者當成靠山或是來朝拜，此風水所蔭出的子孫，處事喜走旁門左道，不務正業，淪落盜賊、小偷之類。最明顯的便是廣西桂林甲天下的山體，大部分破碎，一般都認為風景秀麗，山體形狀千姿百態，但是在古時中國最兇悍的盜賊，出生於此地特別多。依照山法家的解說，這一種山體的破碎最為忌諱，蔭出的子孫會不務正業，淪落為地痞、流氓、盜賊，山法家稱為破旗。

結果印證，在臺灣最多的文秀，秀才、舉人大部分出身在現在的高雄美濃，這也是文盛發展地。西元一九九一年，我帶學員至美濃考證風水，一路從燕巢、大樹到旗山，學員看到旗山的山體，停車欣賞一番，學員問我旗山會出貴格嗎？我對學員說此旗是插旗，若是出貴格還是副將之格，學員問我為什麼，我對學員說此山形的火星旗，不是正火星旗，是插旗，依照山法家的解說，是一塊大地的護龍，此山形的行度還在剁換應該落穴在美濃。確實在美濃鎮的舊街上，可發現很多古宅，而住宅的門聯寫了很多對聯，也就代表此地蔭出很多文秀，但還未看到考到進士的住宅，這也證明此塊風水寶地，四周的山體所孕育的人士文秀多，但是大貴格小，因為前有插旗，無帶印帶鼓之因。

2.正龍、偏龍

正龍者必是脈中抽，一路剝換跌伏至穴場化陽化氈唇為尊貴，左青龍右白虎必展翅來護穴，正龍稟氣之穴，所蔭出的格局較為尊貴。在山體的型態，正龍下穴確實不常見，所蔭出來的子孫，處事

▲有插旗與敗旗兩種

▲破碎山形

▲美濃山形

▲文魁之宅

較為正派，為大忠大義之人。偏龍之穴最難捉，因為偏龍多枝閃脈多，有時偏閃，稍微不詳尋，就容易被纏枝所誤導。

3.看過砂水明堂再點穴

砂指的是穴周圍的山，砂水相依，才能成就好風水。風水學中，最強調的就是藏風聚氣，山環水抱。穴前兩側的是侍砂，能擋住惡風。擁抱龍脈的是衛砂，能抵禦外風，增強內氣。穴前環繞相抱的是迎砂，穴前聳立的是朝砂。砂的排列要前後有序，砂腳有潺潺流水。

水則是穴位附近的流水，水可以聚集生氣，以蜿蜒為吉，忌直沖直流。龍脈附近如果沒有水的護欄，無法藏聚生氣，也構不成好穴。水口是指在某個地區水流進或流出的地方。從水入到水出，所有水流經的地方，就是水口的

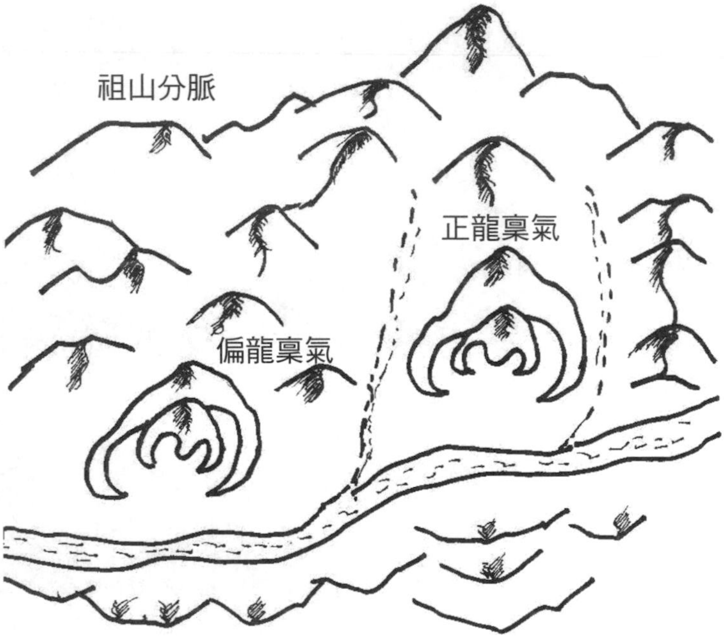

範圍，有大有小。一般來說，水口的範圍與富貴成正比。中國的地勢西高東低，一般入水口多在西北，出水口多在東南，所以風水術以「西來之水」為吉。說到水口就不得不說水口砂，水口砂就是的水流去處，兩岸的山峰。水口如果沒有砂，就容易形成水勢直沖的局面。

明堂，就是穴前水聚交流的地方，要想認識穴位，首先要瞭解和認識什麼叫做明堂。

明堂分為小明堂、中明堂、大明堂，最重要的是中明堂，中明堂屬吉，這個穴位可定，大、小明堂也美，這個穴位更吉。

小明堂：凡有窩、鉗、乳、突四種穴形時，在穴位四周略低的地段，下雨時有水從上至下向左右兩邊分流，交合在穴位下部正中處，此處即是小明堂。

中明堂：是指墓穴前面稍遠處，有青龍、白虎山環抱，龍虎山兩支流水聚會處。

大明堂：是指案山內水流匯合之處。

明堂的形狀要講究完整屈曲、回環、高低分明，四面平穩，中間低平四周高。

看過砂水明堂後就要點穴，穴為吉地中最為吉祥的那個點。點穴的關鍵在於綜合考慮龍、砂、水的方位，準確的找出一點，能使生氣進死氣出。

要點好穴必須要龍真，龍真才能找到真穴。其次要看龍虎明堂，羅城水口是否有威風排場，山水相依多為真，反之，山水相背都為假。點穴還要考慮氣，不能聚氣的山最好不要點穴。而穴還與龍脈的土質相關，總之要全方位的考察後，才能設定穴的方位和深淺。

七、寅葬卯發、貧兒驟富——龍吐霧與赤牛穴

離開蘇家後，林老師二人一路往北繼續尋找龍穴。

此時適逢春天，天氣忽然轉變，說下雨就下雨了，師徒二人找一個涼亭避雨時，蔡之元對林老師說：「有一個山頭的霧氣特別旺，是不是龍在吐霧。」

依照山法家的解說，山上有霧稱為龍在吐霧，是地質及雨水之間所產生的現象。因為地氣熱，一下雨地面上下有冷熱之差別，便會產生這種氣流，十分壯觀，令人傾倒。這正是風水地理所說的龍在吐霧，必有好龍穴。

林老師對蔡之元說：「龍吐霧有假有真，尋龍必須詳細，一般的人不懂風水的真諦，看到山上有霧在飄，就認為是好風水，如一間寺廟蓋在山頂，天氣冷熱交流，四周自然會起霧，如雲飄在四周，像神仙一般，以現在的科學理論來講，此地的濕度特別大，不適合居住。」

林老師對蔡之元詳細解說山中的霧氣後，師徒一路往

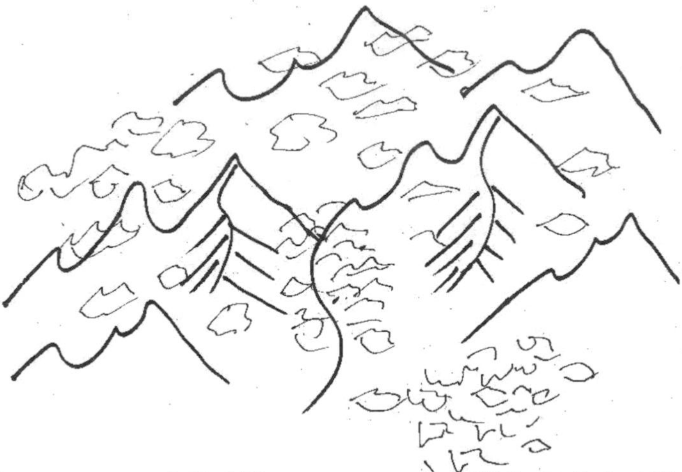

水路吐霧　　假龍穴吐霧

北繼續尋龍。

林老師對蔡之元說：「山中霧多，代表枝龍纏護亦生摒枝，也就是生枝腳多其山形峻斜，生枝腳多，也會產生尖射砂手，稍微不注意，便會是認為砂手來護穴，也就是纏龍假穴多。」

師徒一路行龍，此時天氣日漸悶熱，過午之後多會下一陣西北雨，師徒走著走著，空中一大片烏雲逐漸移過來，不久必會下大雨。

二人加快腳步往前方的村落尋找躲雨之處，看到山邊有一間民房，希望能到裡面躲雨。這時，天空開始有雨點滴落下來，到了屋前卻見這戶人家正在辦喪事。

二人心想，雨一時半會兒停不下來，該進去避雨，但又有一些猶豫。他們以從事地理風水為業，一般見到喪事都有忌諱，但師徒二人也無所畏懼，於是便決定暫時在屋簷下休息避雨。

無意間，他們看見屋內景象，內有一位中年婦人，旁邊站著一男二女，男孩大約十七、八歲，女孩大的約十三、四歲，較小的約十來歲左右，均隨中年婦女跪在大廳哭泣傷悲。

師徒二人想自己來避雨，卻看著人家辦喪事，不免感覺有些唐突滑稽。

正在左思右想之際，忽見雨止住，林老師抬頭向山上一望，發現在遠方的山頭，有一道白煙直直向上升起。此山頭秀氣，飄起霧如仙境彩雲一般，一吐一吞，如音樂的節拍。

他對蔡之元說雨停了，趕緊加快腳步，前面必有一塊風水寶地。

於是，師徒二人直奔那一座山頭去了。

原來，林老師又有所發現了，此山頭如一隻赤牛穴，二人觀察此地形確實是一塊風水寶地。

師徒二人在此地欣賞後，已接近黃昏，便急急忙忙走向鎮上想找一間客棧歇腳。在吃晚餐時，忽然聽到櫃臺旁有四、五個人在議論紛紛，正在討論一件事，越說越大聲。師徒二人不禁豎耳靜聽，原來他們談的正是方才師徒前去避雨的山邊那戶人家的主人。

師徒二人一聽又生好奇，便不自覺走向櫃臺，靠過去聽聽他們到底在說些什麼。

原來那戶人家死了男主人的婦人，姓許名秀芬，先生姓洪名聞雄，當時二人戀愛曾轟動附近村莊。因許小姐是當地有名望大戶人家的千金小姐，卻愛上田農洪家兒子，可說是門不當戶不對的一門親事，附近村落的人們均知此事。二人不惜一切為愛私奔，許家見事已至此，只好同意這件婚事。千金小姐許秀芬，是當時許多公子求婚的對象，但都被她拒絕而下嫁洪家，未料不能白頭先生早死，所以鄉人均為她嘆惜不已。

林老師一聽，原來許小姐竟是這等為愛犧牲之奇女子，可惜當時只顧避雨，未能仔細看看她家的厝場是否犯凶。想到此，便對蔡之元說，明日一早前往那一戶人家，看看是出了何事，是否有傷到陽宅了。

隔天一早，師徒二人到洪家一看，原來是纏龍出枝腳尖射，直射洪家的厝宅在山法家的理論上，風水最忌諱砂手化為尖射，直射不論是陰宅或是陽宅必會有傷害，或是意外傷亡。此砂手（不能論砂手）正確的解說是一隻枝腳砂，因為枝腳砂其本質石骨較多特別硬化為尖，山法家稱為火星尖射角最為凶。蔡之元問老師說：「此住宅坐西向東，而在住宅的後面左邊，有尖射直射，那麼會傷到住宅中的何人？」

「此住宅作西向東，左邊有枝腳尖射，射入此宅的後面，依八卦的理論，住宅的後面左邊，在八卦為西北方，山法曰：『八煞方有煞必殺人』，此方位西北代表老父，也就是此住宅的男主人必會有意外傷害。」林老師道。

師徒二人正在分析時，忽然遇見一位身穿黑衣的中年婦女，她面帶憂愁氣色不佳，一看便知是這房屋的女主人。

許秀芬亦即洪太太出現，當她一見到二人時，有一點驚嚇，忙問：「你們二人為何來此？」只因此地方是鄉下荒野之地，少有陌生人來，故見二人是生面孔，心生疑慮便出口相問。

師徒二人為避免被當作壞人，便撒了個小謊，蔡之元說：「我是洪聞雄的遠親表弟，這一位是我的老師。我從小就回唐山拜師，今日路過鎮上聽說表兄過世的消息，十分驚訝，正好老師同行，所以請老師前來，看看能否為表兄找一塊吉地安葬。」

世上竟有這種事，一位地理師要幫人找地，又不敢直言，反

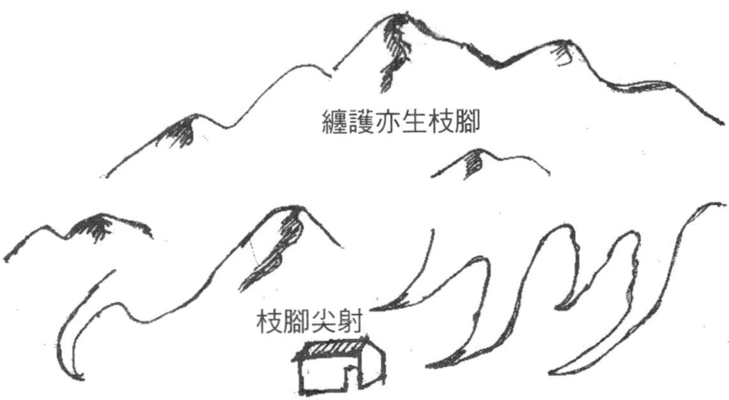

而要徒弟編謊言。如此特立獨行的地理師恐怕只有林青龍老師一人了。許秀芬一聽來人是夫家的遠親，其師父又是地理師，正好可以幫上忙，十分高興，她正愁不知去何處尋地理師來為夫安葬，沒有想到竟有此奇遇。

林老師接下來說：「離妳家不遠大約十來里路程的地方，有一塊很好的地，請妳向妳先生擲杯，看看是否同意。若是聖杯，代表這塊地就是妳先生的。」

洪太太此刻趕緊燒香祭拜亡夫，求得三個聖杯，心中非常高興，再三感謝師徒二人。

接著，林老師帶洪家大兒子及親族來到山上，正好此山形的坐向與洪先生的先命相合對，便告訴洪家大兒子擇一良時吉日安葬父親。

洪家大兒子感謝林老師，一行人要下山時，林老師忽然叫洪家的大兒子等一下，說有事情交代。

林老師說：「今日我幫你父親找一塊真龍真穴，安葬後無論發生什麼事情，都一定要冷靜（其實林老師有發現異常），記得將你父親安葬後，你家不能再住，因為有尖射。如果沒有錯的話，你的父親必是意外傷害而死。洪家大兒子說，老師真厲害，我父親確實是到山上砍柴，不小心跌下來，頭碰到尖石而亡。」

回到客棧，蔡之元問林老師：「為何洪家的大兒子臉上的氣色有大轉變？」林老師對蔡之元說：「你跟我多年沒有白學，一般一個孝子在辦喪事，他本身的氣色必帶蒼白，但今天洪家的大兒子，從上山看此穴場後，他本身的氣色就大有轉變，其實我也在納悶，難道是磁場感應的效果，會這麼快嗎？你有沒有注意到洪家大兒子的天倉及鼻子的氣色，特別潤澤，這是不應該有的現象，依照觀相學的理論，他最近必有一筆意外之財，所以我才交代，遇到任何事情，一定要冷靜思考。」

洪家大兒子回到家裡，對洪太太解說此地的優點，全家非常高興。

林老師也為其選擇良時吉辰，庚午日己卯時，一般而言，子午卯酉是桃花局，是配合奇門遁甲來用，庚午日己卯時，卯時為正財，己日祿在午，也就是正財局也，代表妻財。

在庚午日這一天，一群人準備卯時一到，將棺木埋在牛穴吉地來安葬，卻發現未帶金紙。洪家大兒子便快跑回家拿金紙，剛到大門時聽到有人在爭吵，是母親一邊在罵一邊在哭，探頭一看竟有不肖男人貪圖洪太太的美色（在以前若是丈夫過世要埋葬，其太太不能到山上）趁無人在家時想欺負她。洪家大兒子大怒，一腳踢開門，大喊捉壞人，男子一溜煙逃跑了。

洪太太傷心哭泣，大兒子詢問此男人是何人，洪母生怕張揚出去敗壞名節，要兒子不要張揚。大兒子心生怨怒，但也只得先按

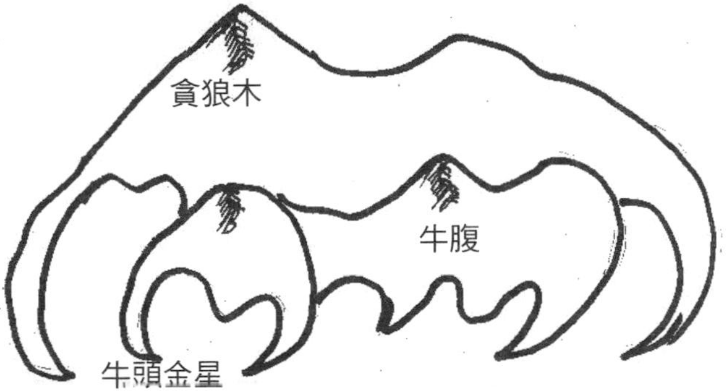

▲赤牛穴。

捺住，趕快拿金紙趕回山上處理父親安葬的事宜。

待安葬妥當後，在拜土地公燒金紙時，四周忽然刮起一陣風，吹得金紙滿地飛，在場的親族長輩感覺有一點不對勁，知道事情必有徵兆，又見洪家大兒子拿金紙回來後神情十分不悅，認為有隱情。就問方才是否發生了什麼事情，大兒子想起母親之言，支吾半天說不出口，在長輩的逼問之下，才全盤託出所見之情形。

而上洪家欺負寡婦的不是別人，正是當地的莊員外。此人貪財好色，昔日向許秀芬求婚不成，便趁家中無人的機會，想欺負洪太太。昔日若女人喪夫無再嫁打算，是不會到山上送葬，所以莊員外趁此時來到洪家，所謂冥冥之中自有安排，洪家大兒子恰巧回家拿金紙，這才將他嚇跑。

親族一干人一聽此事，全部義憤填膺，哪忍受得下這一口氣，待安葬後，一群大漢浩浩蕩蕩向莊員外家而來。莊員外得知洪家要來算帳，嚇得雙腳都軟了，責怪自己也為時已晚，洪家要求他還一個公道，要有所交代才行。莊員外拿出一塊土地及一些黃金來賠罪，洪家因而討回公道又得到一些土地及黃金，可謂是寅葬卯發之例。

洪家母子想要向林青龍師徒感謝為其夫擇地之恩，但找不到師徒二人。原來，他們早就離開，繼續下一個尋龍之旅。

1. 龍吐霧

民國三十六年，國民黨從中國撤退至臺灣，當時也有很多地理師隨之前來。臺北陽明山是溫泉地帶，火山溫泉熱度與天氣互換之際，山邊往往有吐氣的情形出現。中國的地理師看到山中有龍吐霧，認為發現大地，其實是誤導，當時來臺的地理師向蔣介石報告，臺灣第一龍穴在陽明山的六窟附近，蔣介石聽後很高興，派一隊憲兵站崗（現在的陽明山第一公墓），希望將來在臺的愛將過世後埋在此龍穴。此地最出名的人士是王永慶父母之墳墓，還有一些人物，如連戰、宋楚瑜、孫科等較有名氣的祖塋。

龍吐霧一般常發現大部分是假龍穴較多，山法家的解說，兩山之間必有水路，特別在山谷之間天氣冷熱相交，冷凝水氣，自然會有霧氣，很多人誤導龍在吐霧。

依照山法家的解說，正確的龍吐霧如音樂節拍，一上一下、一升一降地飄動，山法認為，這是藏風聚氣所造成，最主要的原因，就是四周有山形的砂手來護穴，若有砂手，這個地方自然就沒有寒風，而能藏風聚氣，地氣一熱，剎那間會聚結成為 個熱氣的溫度，遇到雨水時落下來冷熱相交，這個氣團便直直向上升起。若是真龍真穴，便會如音樂有節拍地一吐一降一升一停的吐霧。

若是吐霧呈一片雲山，代表此山龍不是真龍真穴，一個山體無聚氣遇到下雨時，只有冷熱相交自然會產生雲霧，所以在山頂有很多地質遇到下雨後，就會產生雲霧。很多人認為這是龍吐霧，特別在山中有很多寺廟，居高臨下，遇到天氣有變化時，四周的地質大部分是岩石較多，遇到冷熱相交時，四周會飄起霧，如神仙的感覺，但這不是真龍在吐霧。

因此，常常聽到一般人說，某寺廟在天氣一變之後很神奇，山中有霧升騰，說是神佛要顯現，有的霧飄起來，有許多奇奇怪怪的形體，有時會顯現一些人體，如佛祖或是神獸之類，其實這是錯誤的觀念，加上宗教的理論宣導，讓很多人迷惑。

真龍真穴，必有要件，左邊青龍砂右邊白虎砂來護穴，這是山法的基本條件，而穴場必須有吐唇（無化唇不成氣）。如此可以保持溫度，能冬暖夏涼，此地形受到左右有砂的山形來保護，不受四周的風吹襲造成凝氣，溫度自然會受到調節，山法家稱為龍結穴，

如骨骸放在此地形，能保持溫度調候，所發出去的

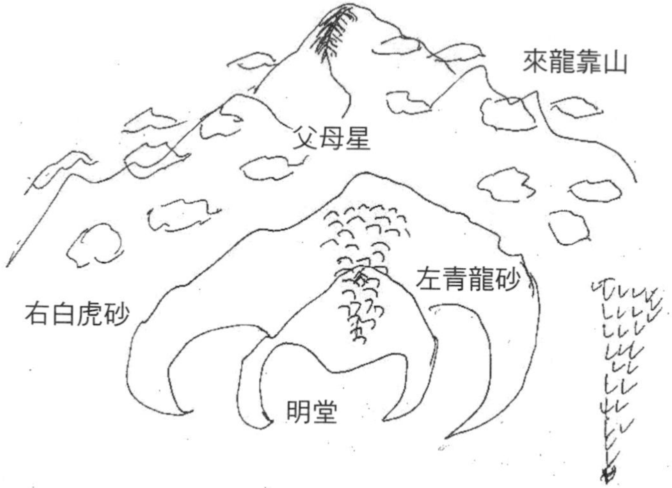

▲真龍穴。

感應，就會影響下一代子孫的前途。若此地形太濕太熱，影響骨骸而發黑，代表水氣濕度太重，所發出去的感應，就會對後代子孫的前途有不良的影響。因此，山法家在尋龍點地，首要的重點是重視氣溫，會依產生的氣流來判斷此地的好壞（龍吐霧）。

記得有一次夏至，應一位福東周先生的邀請，到陽明山公墓勘查周先生的祖塋。我一看墓碑泛黑帶一點硫磺的顏色，用手一摸有一點灰塵，就對周先生說，你家的祖塋必有水氣侵入。周先生很好奇地問，老師你沒有拿出羅盤量位置，如何判斷我家的祖塋有水氣侵入呢？

我說不必。他聽了心中有一些不服氣，為何不用羅盤便可推斷？我告訴他，因為你家的陰宅墓距離硫磺水很近，又受到硫磺的氣流影響，你看四周的墓碑，有許多白色鹽酸，像灰霧一樣，許多墓碑都有此現象。周先生仍有懷疑，我請他摸摸看墓碑，白的部分都是粉，這是受硫磺的氣所致。

我對周先生說，在陽明山附近所蓋的房子，若是鋁門建材，很快就會被侵蝕，尤其是鋁門窗最怕硫磺侵蝕。人的骨骸若是埋在此地，自然也會受侵蝕。至此，周先生方覺我所言十分有道理，難怪早期陽明山所建的房屋，大部分的建材以木造居多，若採用鋁門窗很快就會被侵蝕。我接著說，就如同在海邊受海風吹拂的房子一樣，帶鹽分的海風較容易使房子腐壞，而你家的祖塋墓碑有鹽酸的痕跡，因此祖塋中的骨骸已經有損壞。周先生趕緊託人掘墳，果不其然，其骨骸幾乎全腐蝕了，這就是霧氣有不同的結果論斷。

2.衛山亦分背面，纏山亦生捝枝

山都有砂手，但砂手有不同的形態，山體有稜線，山法家重視砂手稜線。砂手分成幾種形狀，有土和石之差別，若是土質的砂手倒是不致於太嚴重，最忌諱石骨，如一隻尖箭越尖越可怕，山法家稱為火角砂，若是插入陰宅的墓中或是陽宅中，對風水最忌諱，因為不論是陰宅或是陽宅被尖煞所傷，一定會有殺傷力，若再配合太歲天運時，一定會發凶，嚴重者會有血光意外之災，甚至死亡。

3.赤牛穴（連戰祖塋風水格局分析）

牛穴基本五行由土星化氣帶金星，牛穴分為肉牛和赤牛穴。何為肉牛？就是牛的肩膀處平平無起肩，另一種牛穴在牛的肩膀處起肩。有起肩之牛穴其本質石骨較多，若無起肩本質土質較多，山法家曰，土為文秀石為武貴，牛頭化為金星下脈最為尊貴。

臺北泰山公墓有一坐山頭，如一隻赤牛穴。從臺北新莊的角度望此山頭，如一隻雄壯有力的牛。此穴裡有一位在臺灣很有名氣的人物，那就是連戰先生的祖父連雅堂在此地長眠，就在牛穴的腹部之下，而牛頭現為泰山公園，此地埋葬赫赫有名的人物，陳誠副總統之墓，後因下一代將此牛頭穴之墓移到別處，在風水的理論上實屬可惜，因為此穴所下脈是真龍真穴。

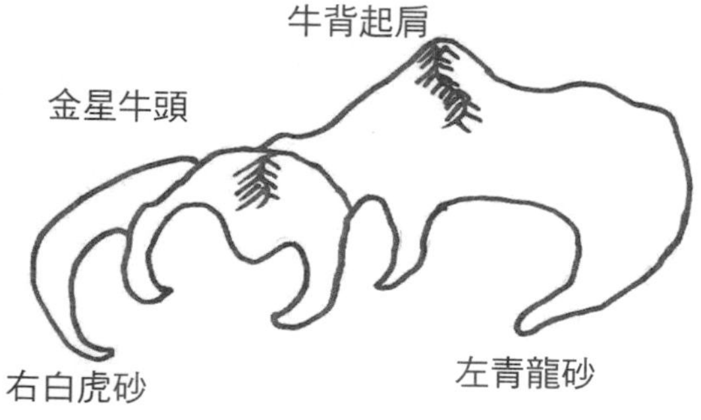

▲赤牛穴。

八、移墳改運勢——倒地木和土角留金

師徒離開洪家後，一路尋龍，繼續往北而來。

一日，他們看到一座山頭，此來龍由八卦山脈跌伏剝換，從遠方望去如一個大屏風，根據山法家的解說，此山頭看地來有如屏風，但是又拖尾巴，而起頂跌伏，化為倒地木，也就是如一棵樹木倒下來有樹頭有樹尾。

依照山法家的解說，倒地木貴無比，因為此山形的本質石頭比較多，山法家曰：「土為文秀石為貴，土中帶石貴無比」，也就是貴中帶富格。倒地木穴須有條件，若此山形倒地木直直無起伏變化，不能下穴則犯斬脈煞，也就是此山頭無變化稱為死木，若此木有高低起伏則稱為活木，也就是如一棵樹木有彎曲，有出節、苞、捶，此穴貴無比。

林老師詳細將倒地木的山形解說後，師徒一路往北沿路尋龍，繼續下一個尋龍之旅。突然間，他們遠望有一座山頭，如一座屏風，山法家稱為土星，林老師又對蔡之元詳細解說了土星有幾種格局，在風水上的富貴有何差別。

解說完畢後，他對蔡之元說：「這與前面見過的土星有何差別？」蔡之元說：「此山頭的土星中間下脈，老師常常提醒，龍無起頂非真龍。」林老師說：「對極了，此星度中間起頂，來龍跌伏化金星來穴，依照五行土來生金，五行相生最為貴。」

師徒二人一邊說一邊欣賞秀美的山體，林老師對蔡之元說：「此地將來會讓有福氣的人來取得（福地福人居），他從口袋裡拿出一枚銅錢，放在穴場的正中間，留一個記號以便將來可用。」

師徒尋龍走走停停，此時接近中午也走了許多路，二人又飢又渴不敢久留，一路奔向村落。

他們看見不遠處有一家店面生意興隆，人潮不斷，便加快腳步前來。到了店前，蔡之元突然心生疑惑，問林老師：「奇怪，一樣的店面，為什麼對面的店面生意冷清，而這一家的生意卻如此興隆？」

林老師被蔡之元提醒後，仔細觀察，順便拿羅盤一量，又擔心引起周圍的路人注意，就小心遮一下才排出，此店面坐東向西，對面的店面反方向坐西向東。

師徒二人暫時忘了飢餓，不知不覺討論起這兩家店面的風水差別。對面的店面是順水而走，因此店面的右邊有一條山坡地，斜轉彎順水而走，另一家店面興隆，

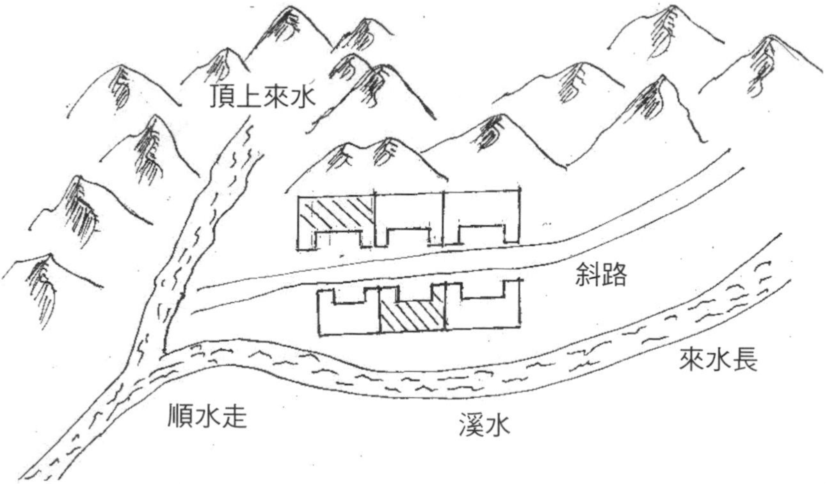

▲兩家店面的風水差異。

此店面的後面有一條溪水繞過，最主要是前面的街路斜，到店面前停頓，依照山法陽宅的解說，高一吋為山，低一吋為水，路街同看。

在風水學的理論上，水為財，最忌諱前面的明堂順水而走，錢財不聚，也會影響客戶不來光顧。生意比較好的店面，後面有溪水來水長，又有 點環抱，難怪生意興隆。對面那一家店從店面的明堂一望，其右邊白虎邊，有一條溪水湍而流下與另一條溪水交叉，順水流走，加上街路在店面有一點斜坡，必會影響財運。所以這兩家店面的生意，自然就不同論斷。

討論後，二人才進入店中用餐。

用完餐，稍作休息，師徒便又繼續前進，一路欣賞山體秀氣，走著走著又近黃昏時刻，二人又加快腳步，希望在天黑前找到今夜落腳的地方。此時遠處有一位中年人神情落寞，一副垂頭喪氣的表情，朝二人而來。

林老師抬頭，看見此人氣色甚差，額頭印堂有赤黑蒙在日月角，心中便有數，在觀相學的理論中，日月角代表父母。

他善念一動，向前對中年人說：「請留步，我看你的氣色不佳，疑有心事，你心中有什麼憂愁嗎？」

中年人一聽，露出訝異的神色打量一下林老師，開口問他：「先生您如何知道我心事重重呢？」

林老師回答說：「我看你的走路形態，加上你的神態，便可以瞭解了。」

原來，林老師運用了五術中的觀相學法則推算，他看到這一位中年人的臉上面色不豫，也就是氣色黑帶赤，走路形態沉重，表情垂頭喪氣，額頭的日月角氣色蒙上一股暗氣，這說明其父母有難。

這位中年人對林老師說：「先生推斷得很準，我姓何，家住在前面的山頭小村落。現在出外經商，上個月我母親生了一場病，要人捎信請我速速回家，我便盡快趕回家，不敢耽擱。因母親住大哥家，大哥對母親十分不孝，故而我憂心母親的情況，一路心情低落。說也奇怪，自父親死後，大哥忽然改變態度，對母親不孝又容易發脾氣，常頂撞母親，所以我一聽母親生病，更是十分不放心。」

林老師一聽此言，心中便知，這中年人的大哥之所以改變態度的原因，不外乎有兩種，其一是住的陽宅，其二是祖先風水的陰宅，產生了變化。這位何先生又說，自其父親死後，他的兄長態度大變，分了家產，我就遠離故鄉出外經商，所以母親就與大哥住在一起，我一方面在外做生意，又得時常趕回家照顧母親，有時真不知如何是好。林老師早已從他的面相知其父母必有難，見何先生為此困擾，心又存善，便說今天你遇到我，是冥冥之中的安排，也表示你我有緣分，你不妨帶我去你家勘查風水，看看究竟是你家陽宅出了問題還是陰宅發生了事故。

何先生一聽十分感動，當即請林老師和他回去。林老師說：「明日先去看你家的房子，如果沒有問題的話，再去看你家祖先的陰宅以及你父親的陰宅，就可明白原因所在。假若問題出在陰宅，你不可怨怪你的大哥。」何先生說：「明白。」

師徒二人前去何家探看，發現陽宅並無問題，於是在何家歇息過了一晚，第二天何先生又帶師徒去看父親的墓地風水，勘查是否有影響房份的差別。

何家祖瑩坐南向北，左邊青龍砂有破碎，右邊白虎砂較秀氣，且右邊有一條溪水流下，與前面案山溪水交流，依照山法家的解說，此風水必有大小房份的差別。因為此墓坐南向北，左邊青龍在八卦的理論上，屬於西北方，大部分的論斷以一四七、二五八、三六九論房份。又因青龍為男性，白虎為女性，以現代風水的概念來看，有一些誤差。

左邊西北方代表長男，逢見有破碎山形，又加上西北為頭部方面，會使人在思想上胡思亂想，容易發脾氣，而右邊是白虎砂，有山上的水流至溪水交叉，也代表少男出外有飯吃，但還是會

▲何家祖瑩。

帶一些是非，因為前面案山有破碎。依照風水學的解說，前面的案山屬於子孫在外的事業，及與人的對待，若是破碎，易有是非，交友不慎，並有災難。

林老師對何先生說：「你不能怪你大哥，其實自從你父親埋在此穴，你大哥的個性大轉變，變得急躁容易發脾氣，又交友不慎，若沒有錯的話，他因交友不慎，沾染賭博酒色，現在經濟上一定遇到困擾。何先生說老師你真神，他確實面臨經濟上的困難，分家後的財產，在這幾年全部敗光，還欠一大筆爛帳，都是我回來幫他收尾。」

何先生懇求林老師：「一定要救他大哥的運勢。」

林老師對何先生說：「此風水之墓必須遷移。」

何先生說：「一定會遷移，老師你可不可幫我父親重新找一塊墓地。」

林老師看此人忠厚，又對兄弟有情義，便帶何先生去看，昨日所尋找的牛角留金穴，並將一些細節交代完後離開。

何先生非常感謝林老師所賜的一塊風水寶地，他目送二人離去，心想世上竟有這麼善良的地理師，不以神鬼說法來嚇人，以天地之間，大自然的規律，來解釋風水的奧妙。

何先生自從將父親移此地後，何家的大房，大有轉變。

1. 砂要圓淨端莊，最忌破碎崚嶒

案山喜平整、圓淨、端正，如庫、倉、浩、軸、馬鞍、元寶、三台、貴人等作案山均為吉案。如果案山砂形破碎崚嶒，面前有聚水者亦會興家發達，只是兒孫後代會敗祖辱宗，不能守住家業，終會使家族敗落。如果穴前無聚水，而案山破碎者，則貧窮下賤。但如果用人工修復，種上樹木，使其變成清秀端莊者亦轉凶為吉。所以，風水也可以加以改造。

朝山要求特異、尖秀，其砂不拘石山或土山，只要端正則為吉。同時，向自己朝拜則好，如反叛或沖射穴場，則對己不利。

在穴後非來龍本身之山峰，叫做鬼樂砂。鬼樂砂要端正秀麗，護主才正。如鬼樂砂歪斜破碎則為凶。

2. 倒地木（臺灣辜家的祖瑩和鄧小平祖瑩風水格局分析）

（1）辜家的祖瑩

在現在的彰化市八卦山脈，有一處倒地木，此墓明堂聚水貴無比，所蔭出的下一代，是臺灣赫赫有名的大企業家，這便是辜家的祖瑩。此木為活木，而下穴在樹頭，四周有樹根化為砂手來護穴，

穴場前面的明堂左右邊有出水井，四季不枯。依照山法家的解說，若倒地木前面明堂有出水，所蔭出的下一代為富格，也就是說水為財。

（2）鄧小平的祖塋

西元一九八七年蔣經國去世後，中國開放兩岸，我帶領學員到中國四川鄧小平先生的家鄉廣安縣考察鄧小平的祖塋及祖宅風水。那時中國交通很不方便，也吃盡許多苦頭，從重慶出發至廣安縣的山路彎曲，歷盡艱辛才到達廣安縣。那時到廣安時，確實有一點迷糊抓不到重點，因為在臺灣所學到的地理課程，老師所傳授的是以古師所記載的一些基本概念，說一個領導之格的祖塋必須有帶旗帶鼓才能蔭出大地，這是有一些觀念上的錯誤及差距，在這幾十年來跑遍中國南北後，本人才慢慢悟出山法的訣竅。

當時問當地的農民，鄧小平家的祖塋在哪一個地方，農民指某一個山頭，當看到此山頭我有一點傻了，

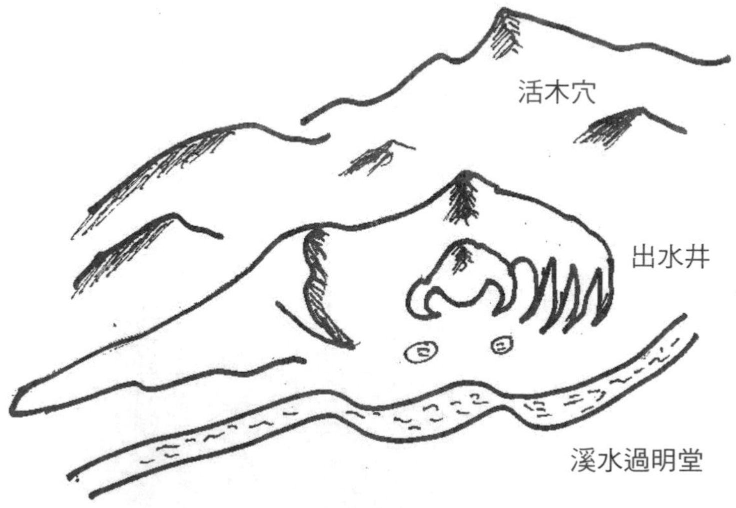

▲辜家的祖塋

心想不可能，一位領導中國十幾億人口的領袖，他家的祖塋不可能是一個不起眼的山頭，一定是農民指錯方向或是我們與他溝通不良。若是一位領導者的祖塋是這種格局，那還談何地理風水的效果。

說實在的，是我自己對山法的精髓沒有開竅，這十幾年在中國南北跑遍，勘查中共的一些大人物的祖塋，才徹底瞭解地理風水的奧妙及功能。

當時農民所指的山頭，也沒有詳細告知，只有看到一座倒地木。依照山法解說，若倒地木有起伏，木有彎曲，有出節、苞、捶，貴無比。當時看到此山頭，一時有一些疑問，在此愣了一陣子後，忽然開竅，古書所記載的沒有錯，是自己沒有悟出訣竅，此倒地木有彎曲起伏又出節苞，必會成為大地，因此決定由倒地木的尾巴，一路追蹤尋龍，至穴場才大大領悟了山法的玄機奧妙，發現了天下第一風水寶地。

從遠方一望像一棵倒下去的樹木，山法家稱為倒

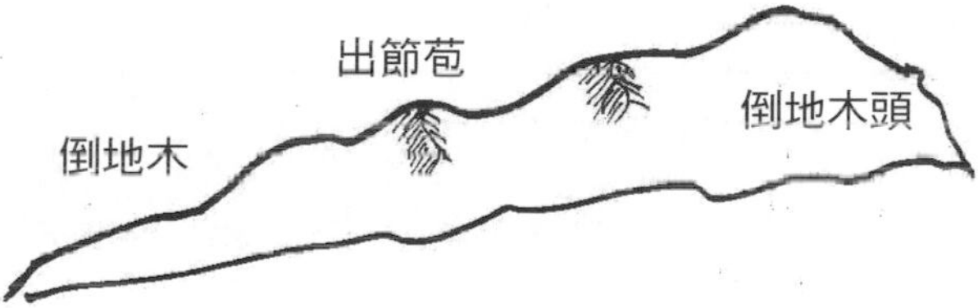

▲鄧小平祖塋倒地木來龍

地木，從倒地木的尾端尋龍，才發現此木的精華，束氣剝換化氣，成為蜂腰過脈，跌伏三次，難道是天意嗎？鄧小平鬥爭三進三出，跟此跌伏三次絕對有關。此倒地木的本質石骨較多，依照山法家的解說，若此地來龍由石骨化氣至穴場貴無比，一路追蹤來龍至穴場，讓我大開眼界，不愧是天下第一大地，其明堂與來龍相差數十樓高。

側面一望，如雄壯威武的獅頭山，展翅有力，是難得一見的風水寶地。

西元一九八九年，我帶學員至鄧小平家鄉的祖瑩考證，當時我對管理鄧小平祖瑩及祖宅的主管建議，此獅頭山一定不能破壞，否則會影響鄧先生的運勢及國運。

西元一九九一年，我再次帶學員到鄧

▲雄壯威武獅頭山

▲水土保護警告碑

小平家的祖塋考證倒地木的精髓，發現在來龍立了一塊碑，是水土保護警告碑。那是當時我向管理的主任建議，此來龍不可破壞，因此受到採納。

一路尋龍追蹤到來龍蜂腰過脈，束氣剝換出小化大形成一塊大地，到了山頂才恍然大悟，發現不愧是天下第一風水寶地，其四周的地形全部是石骨，只有在鄧小平祖塋的墓穴才吐出一塊土（亂石之中土為貴）。其來龍靠山至穴場大約有十樓高的差距，而來龍靠山如一個拳頭的形狀，當地的農民稱為佛手山，此正印證了風水的力量及奧妙。鄧小平被鬥爭時三進三出，最後還是成為領導中國十幾億人的領袖。學員說如你來打我，結果打不死，反而被拳頭打敗，在風水的觀念中其來龍力量無比。

左邊青龍砂石骨起肩，分枝龍分脈作纏，四、五隻砂手，右邊白虎砂也是石骨起肩分枝龍分脈，作纏來護穴場，如小官之行隨身帶從，外山龍砂來護，也就是如大官要出巡，到處受到迎接。

這是我多年到中國考證風水，所看見的一塊真龍真穴，天下第一塊風水寶地，我連續三次帶學員再次考證，每一次所獲得的心得皆有不同。

▲來龍靠山全景

此墓是鄧小平先生的祖塋，其坐庚山卯向，其造作為浮造，因此地氣的氣勢較浮氣，其來龍靠山由倒地木樹頭化氣形成一塊吐唇，也就是在亂石之中吐一塊土，此有墓穴有一塊土質，真是妙手神工的造化。前面明堂如千軍萬馬來朝拜，從堂前一望，左邊青龍石骨化為手四、五層砂手來護穴，右邊白虎起肩化氣四、五隻砂手來護穴。

依照山法家的解說，砂手石骨化氣最為尊貴，石為貴土為文秀，也是代表與將來所蔭出的下一代的功名有關。

▲鄧小平祖塋，佛手拳頭。

此圖左青龍砂右白虎砂，如樹木頭底的樹根來作砂手，依照山法家的解說，若此木雄壯粗大者，而化出有氈唇，則作粘穴或倚穴，四周長根，來作砂手，並帶水意者可千，垂頭下最為尊貴無比。

明堂及外堂的砂手，成層來護穴，前面案山及朝山層層致高而下，有情來朝拜，代表下一代的子孫受到眾人尊敬，明堂開闊，也代表此下一代的子孫心胸較開闊，因此鄧小平先生至今仍受百姓的尊重及擁戴。

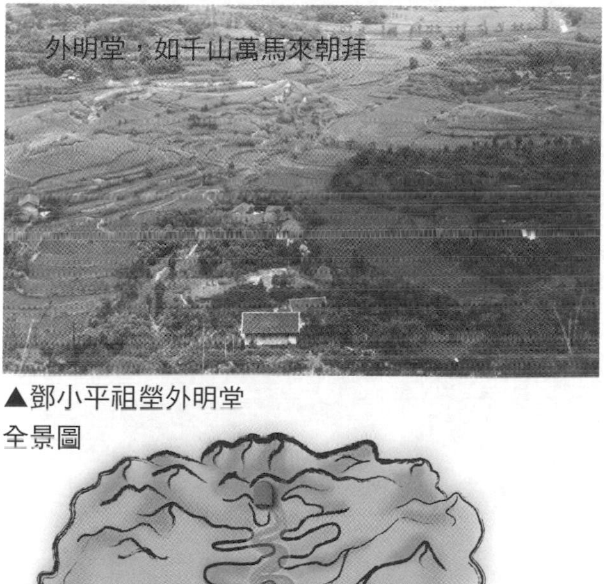

▲鄧小平祖塋外明堂

全景圖

3.土角留金最尊貴

依照山法的解說，土星的本質土質多，若有帶石為文秀帶富貴，土星若在高山或是平陽見石骨，多稱為屏風。依照五行性解說，若是來龍靠山為土星下脈，代表將來所蔭出的後代以財富為主，若此土星土中帶石來做靠山，將來所蔭出的後代為富帶貴格。

此土星若是在案山的前面來朝拜，不論陰宅或是陽宅，有土星來朝拜者，代表將來所蔭出的子孫以富格而論，也就是在事業上，在經商方面能展現才華。

土星

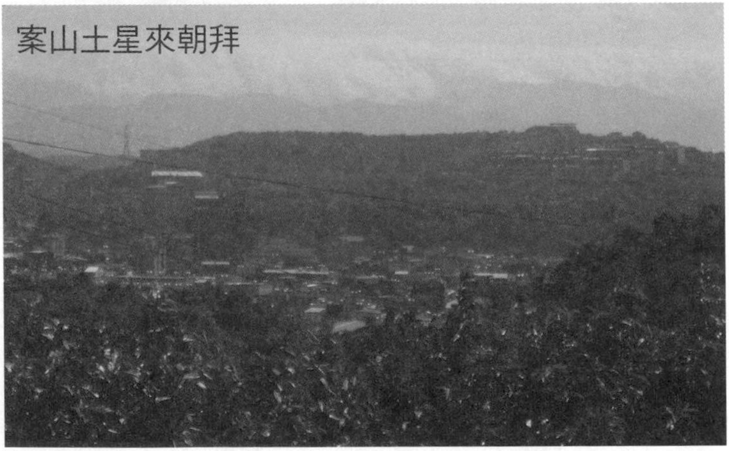
案山土星來朝拜

九、真龍顯現——觀水口定龍穴

林青龍師徒離開何家村落後，向北前進，沿路追尋龍穴。

一日，他們經過一條溪水，此溪水的出口砂往內護，在水口有一堆大石守在出水口。

林老師對蔡之元說：「此地必有大地。」蔡之元問老師，水口有幾種變化，林老師對他說：「山法巒頭最難學的就是水口砂，地理巒頭有一句話：『入山看樹頭』，入水口要學三年，瞭解水口的奧妙，才能知道何處有龍穴。」

精通山法的老師父，從水口砂就能知何處有龍穴，以山法家的解說，水山最難確定，其中有一種格局在水口中有物體，最主要的功能是在緩衝水流，若山上的水太湍急不是好龍穴，因為急水不聚財。

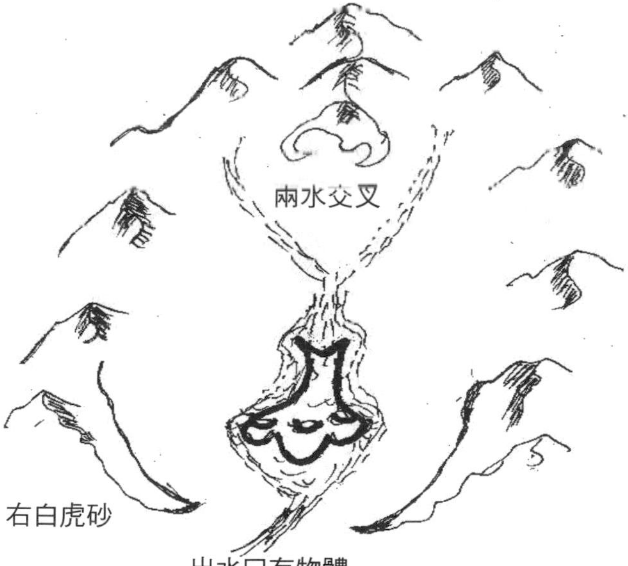

▲石守。

其二如出水的砂手砂反跳，此地無結大地。其三還有一種水口砂環抱，內地有穴場。這些都要現場勘查，才會更加瞭解山法的奧妙。」

林老師在溪水的砂手觀察後，對蔡之元說：「此大地一定是平陽龍結穴。」

蔡之元問老師如何判斷，林老師說：「你看此溪水不是很急而是很平緩，代表來源一定不是很險峻的山形。」

蔡之元回說若沒有老師當面的解說，我還是傻傻的，以前的山法家會說，學地理水口必學三年才會開竅，看來真是一門大學問。

師徒二人在水口砂詳細勘查，又觀源頭來龍後，決定朝向平陽而走。一路上一片荒野，無人行走，順溪水而行終於看到一座山下正好有一間民宅可落腳。二人行走已久漸漸口乾舌燥，需覓得一處休息之地，見此有民宅就打算在此歇息。

走到民宅的大門口時，忽然飛來一群白鶴，在房屋之上盤旋飛舞。

林老師見此景象，心中納悶：「為何有白鶴在此屋頂上飛來飛去呢？」

他靈機一動，便屈指一算蔔了一卦，卦名為「乾為天」，乾卦為首，是一個吉祥之卦，占此卦之後，林老師心中有數，心想莫非此地要出貴人？正如此盤算時，忽然聽見屋內有嬰兒的哭聲，由娃娃之音判斷，這是剛剛落地的嬰兒聲。

林老師想，莫非是應了卦象出了貴人，心中更加好奇，決定去拜訪屋主。

師徒二人在門口正要開口敲門時，恰好門打開了，走出兩個人，一位是老婦人打扮的接生婆，另一位是年青人。

婆婆對年輕人說：「阿財恭喜你，你太太為你添丁，生個白胖胖的小子。」

這位年青人姓張名福財，本地人均叫他阿財，他十分高興地對這一位老婦人說謝謝妳，感謝妳來幫我太太接生，一邊說一邊拿出一個紅包給老婦人，老婦人接過紅包謝後就走了。

林老師見此，心想，真的有小孩出生，俗語說：「結婚前生子後，必走大福運」。

阿財見師徒二人，便向他們打招呼，問二位是否從唐山而來。林老師反問：「你怎麼知道呢？」臉上有一點訝異的神情。

阿財說：「前幾天土地公公曾托夢給我，說等我兒子出生後，會有兩個人從唐山來我家，此師徒將會幫我張家大忙，使我家出頭天。」

原來如此！林老師心中亦有盤算。

阿財請二人進入大廳，泡茶款待，師徒二人也正好借此休息。

林老師對阿財說：「你兒子剛出生，我略識命理，以時間來算庚午日申時生，庚祿在申，將來必帶福氣。阿財說曾經做一個夢，夢中有一位白髮老公公跟他說，當你的兒子出生時，必有一些白鳥在其屋頂上飛翔旋舞。」這也印證了林老師要進屋前所見之景象。

林老師將張家兒子的命盤推算後，對阿財說：「此子的命格不錯，將來必有一番成就。」

阿財八字命盤解說

乾造農曆甲戌年甲戌月庚午日甲申時生

一、日元庚午生於九月，戊土當令，土旺有埋金之慮，故先用甲木疏土，次用壬水洗刷金泥，則庚金之顯用，此為九月論命。

二、柱中三甲透干，疏土有餘，地支午戌拱火，不能在用甲木，以其生火煉金，庚金有銷熔之慮，當以壬水為救（不用癸水恐歲運戊土合化火，則無用）生木潤土，功成反生（火旺土燥，土不能生金）但土得水潤，始能生金，水本金生潤土，土始生金，故以壬水為正用，癸水不遇合可用，申中有壬水雖不透幹，但居長生位，稱為源頭活水，不慮枯竭，可以用運行西方，當旺得地，其大有轉變。

三、柱中甲透干，申中藏壬水，甲為偏財，壬水為食神屬水，水生木，即食神於文星主學術才能，財為無行，為才華，偏財者機智之財，甲幹透出為偏財，顯露於外代表較有機會之財，內在藏壬水食神，處事較細膩，復有學識，地支午戌拱會火克金名官，官主顯貴，身戌拱酉為金鄉，固有名望，富甲一方。

年	偏財	甲戌	戊偏財	辛劫財 丁正官
月	偏財	甲戌	戊偏財	辛劫財 丁正官
日元		庚午	丁正官	己正印
時	偏財	甲申	庚比肩	壬食神 戊偏印

年申酉空 月申酉空
日戌亥空 時午未空

大運						
4	14	24	34	44	54	64
乙亥	丙子	丁丑	戊寅	己卯	庚辰	辛巳

林老師批完張家兒子的命之後，詳細解說給阿財聽，這孩子日後必成為棟梁之材，富比貴多，

也就是富中帶貴格，張家未來必有出頭的一天。

阿財聽完後，不斷地感謝林老師。

當晚，月光皎潔明亮，師徒二人在張家歇息時，發現遠方忽然出現一道五彩光線，在空曠的郊外，顯得格外耀眼。

二人一見此光線十分好奇，林老師對阿財說，我師徒要去追龍，你不用為我們擔憂。

向阿財告別後，師徒二人一路循此光線，追到一座山頭時，光線忽然消失了。此時，夜深人靜，只聽見溪水聲，在月色照耀之下，並未尋見什麼，只略微看出這一座的山頭秀氣。

林老師看看天色已接近寅時，索性不回張家休息，打算於此地盤坐至天亮，便席地坐下。

蔡之元心生疑問：「老師從來不曾在晚上出門尋龍，為何今晚會尋龍呢？四處一片漆黑，也不回張家，是何道理？於是，便問老師為何不回張家，有床可睡而不睡，而且要在這荒郊野外休息？」

林老師笑笑說：「這種機會是可遇不可求，是很不容易等到的，我這一輩子才遇到第三次呢！」蔡之元問到底有何天機，有什麼如此難得的機會，林老師說你跟我在此地坐禪，明早你就能悟出真理。

師徒二人在此地打坐休息，接近寅時（三點至五點），說來奇怪，師徒所坐的地面有一股熱氣上湧，地上開始有氣流浮出。

難道是所謂的真龍正穴，龍要吐霧嗎？蔡之元心中很高興，這幾年來跟隨老師，一路尋龍，老師常提醒的龍吐霧，今天難得有機會出現在眼前，心中非常興奮。
五點左右，忽然地面漸漸浮出一道蒸汽，大約離師徒所坐之地有十來尺。
師徒見此氣，心中大喜。
林老師對蔡之元說：「你有沒有看到什麼？氣！這一個氣點浮出的若是吐一下放一下，如同人在呼吸一吐一放的情形，那麼就是昔日俗云的『龍吐霧』，這就代表此地是真龍正穴，日後必會蔭出大富大貴之人。」
林老師二人察看後，做個記號，便回阿財家中。
阿財見二人回來，便問：「你們跑到哪兒去了，為何昨晚沒有回來休息？」
林老師說：「我師徒昨夜在山裡看見一塊風水寶地。」
阿財問：「在何處？」
林老師說：「就在你家後面的一個山頭。」
阿財說：「我知道，那山頭看地來很秀氣。」
林老師問：「你常去嗎？」阿財說是常去那邊割草，此地的草特別旺。
林老師對阿財說：「你常去有沒有發現有霧氣？」
阿財說：「什麼是霧氣？」這也難怪，他不是專業的地理師。
林老師對阿財說：「比如有時候下雨，此地會有特別重的霧氣。」

阿財說確實在下雨後此地常有霧氣，不過只是感覺此地的一些草木特別茂盛。」

林老師說：「你有沒有看見此地有時會有一道光線？」

阿財說：「沒有遇見，但我父親曾經見過，他說山裡有龍吐氣。山上的地邊有一塊很光亮的石頭，我父親交代他過世後要安葬在石頭邊，所以我略知必是好風水，父親百年後，便依照父親指示埋在此地。」

林老師說：「難怪你的兒子出生時會有白鳥飛來屋頂飛翔旋舞，跟你的父親埋在此地有關係。莫非山上的龍穴，是屬於你張家所應得的？依照山法的解說，你將父親埋在此地，若得到龍穴的感應，你的氣色必會有所感應，但你的氣色不夠潤澤，是何緣故呢？你可否帶我到此地勘查你父親之墓？」阿財便帶林老師前來此山坡地的墓地，結果竟然就是昨晚遇見的龍吐霧的地方。

林老師說：「可惜，你父親的墓差一個龍脈，也就是沒有點到真龍穴，今天你我有緣分，加上土地公公的請託，我幫助你將父親的墓移到龍脈，將來你的後代子孫必會出人頭地。」

阿財聽後非常高興，對林老師說一定會將父親的墓移到龍脈，冉三的感謝。

林老師將此龍穴的功能向阿財解說：「此龍穴由山頂轉脈剝換，轉為直來橫受局，後面的靠山，由樂山來做靠山，將來子孫在外容易得到貴人提拔。前面溪水過明堂水又近，代表在事業上賺錢較輕鬆，案山又近又秀氣，層層來朝拜，將來的子孫在外與人對待，受到眾人尊敬，也就是較有貴人來相挺。

一般人不知龍脈，一樣的分金坐向，為何有差別，也就是說沒有點到真龍脈。所以在市間有一句話，分金差一吋富貴有差別，其實是沒有點到龍脈，而不是分金差一線之故。」

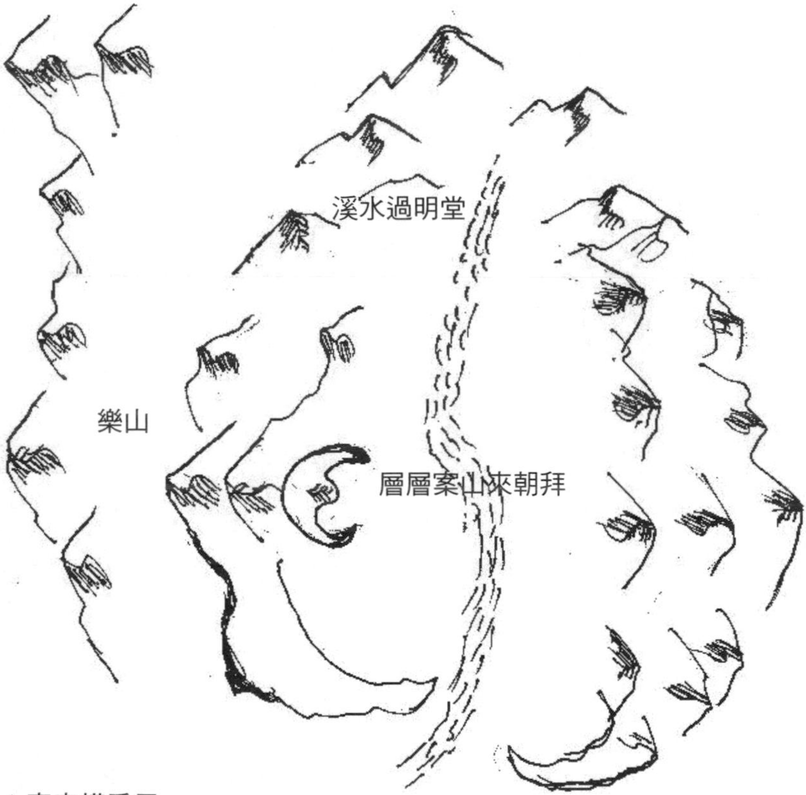

▲直來橫受局。

1. 入山尋水口，登穴看明堂

這句風水學術語是說，在進山尋找龍穴的時候，首先要看水從何處來，又往何處去。同時，更要注意穴前明堂的水是什麼樣的情況。

水來處叫做「天門」，如果一眼望去看不見來水的源頭，叫「天門開」；水去處就叫「地戶」，如果一眼望去看不見水流走的景象，叫「地戶閉」。

常言道：「山管人丁水管財」，墓地周圍水的好壞主宰後代的財運，水深預示財大，水淺則財小。如果水來之處開口較為平緩，十分順暢，則預示著後代財運好，如果水去之處有層層大山攔阻，則預示後代人能守得住財。如果水去的方向是「兩山夾一水」的格局，這樣的墓地屬於大貴之地，後代人大富大貴。

2. 砂水相依，才能成就好風水

說到水口就不得不說水口砂，水口砂就是水流去處，兩岸的山峰。

風水學中，最強調的就是藏風聚氣，山環水抱。這就要求砂要磅薄，水要有縈芋節度，這樣才能形成藏風聚氣的吉葬格局。

穴前兩側的是侍砂，能擋住惡風。擁抱龍脈的是衛砂，能抵禦外風，增強內氣。穴前環繞相抱的是迎砂，穴前特立獨聳的是朝砂，這個要有排場講究宏觀布局。砂的排列要前後有序，砂腳有潺潺流水。

「得水為上，藏風次之」，水在陰陽風水中的重要性顯而易見，水如彎曲如有情，如九曲水，為秀水，卻為外應而地結於內。水之禍福應速，山之禍福稍遲。水有來有去，有水床，有水口。水親朱雀、纏玄武、繞青龍、包抄白虎為養陰之水。水要迴旋，要到堂，要上階，要拱背，要入懷，要彎抱，要囊聚，均為上吉之水。經曰：「逆水一滴，勝於萬脈」。山怕粗惡，水愛瀦澄，縱橫、似織，方有眷戀之情。匯澤如湖，在其經穴之處，看其左右前後，如見水三橫四直，彎曲交流，猶如織帛，此為砂戀水，水戀砂，有如夫婦相隨不肯離異之狀。水到明堂或左或右，可知砂水交會之勢。

十、猛虎跳牆——風水與人生命運的關聯

離開了張家後，師徒一路繼續往北行走，不知不覺走到一處原野，發現南方有一座山頭，遠遠一望猶如一隻猛虎的形狀。

此時林老師心中自有盤算，明白此地風水，日後必蔭出一位大富大貴之人，便暫時停頓下來在此細細勘查一番。

林老師將此地的風水情況解說，蔡之元一聽心生一計，趕快找一塊石頭，要在剛剛老師所談的地方做記號，心想將來有機會可以應用此地來做一個生基，或是將來把祖先的骨骸遷移到此地。

林老師見弟子的舉動，心生怒氣，指責他說：「身為懂五術的地理師，最大的忌諱便是看到塊好穴場就生貪念，就是有很多地理師像你有這樣的私心，才會被世人誤解，以為好的風水，全被地理師點完了，哪有公平可言。所以，身為地理師，看見一塊好地是可以欣賞但不可以起貪念，因為福地福人居，那地究竟該由誰得到誰也不知道，天意不可違。所以，我們絕對不能起念去貪它，只可以欣賞它，如果天下好地都被地理師點完了，如何尊祖師爺的嚴訓，如何可以為他人造福呢？所以貪心不得，你想留下來以後自己用是不對的。」蔡之元聽完老師的訓教，方才明白過來，連連向老師道歉。

我在臺灣全省傳授無數的門生，每一次要去尋龍勘查，必會對學員說不論到何處，遇到好的穴

場絕對不可有貪念。記得有一次帶學員認知山法巒頭，其中一位學員跌倒腳足扭傷，我對學員說你一定有起貪念，他說確實，老師你怎麼知道？剛才老師說此處是好風水之地，我心想將祖塋遷移此地或是做生基，結果無形中有一股氣將我推下來而跌倒。

我對學員說，這是土地公在處罰你地貪念，所有的學員聽後都感到不可思議。

回頭說師徒繼續行龍，看見一座山頭凌亂石骨化氣，看來很險峻，林老師對蔡之元說，此龍的纏龍枝腳特別多，容易被誤解為龍穴，其實這是假穴，若在此地埋葬必有傷。

師徒不知不覺來到近前，忽然看到一位婦人旁邊有一男一女，男的大約十八、七歲，女的大約十四、五歲左右，在一座墓前祭拜。

師徒本來對此地有一點好奇，此地所感應的磁場，絕對會影響下一代子孫的成就，看到有人在祭拜，林老師心中有盤算，就過去勘查此地有何吉凶的情況。

這一位婦人姓鄭名金鳳，嫁夫家姓李，六年前丈夫意外死亡。自從丈夫埋此地後，家運一直不順暢，最主要是兒子的個性有大轉變，兒子本來很乖巧又孝順，年紀漸漸長大開始叛逆，也不讀書，一天到晚遊手好閒，交一些不良朋友。雖然丈夫死後留下一點積蓄，卻他常常為兒子在外惹是非賠人錢財，因此今天帶兒女來到丈夫面前，向丈夫細述，希望丈夫能保佑，讓兒子乖巧聽話，將來在社會上能出人頭地。

來到李家墓前，林老師剛要開口問時，發現此婦人祭拜土地公燒的金紙忽然被風吹得滿地飛飄。

李太太愣一下，看到師徒二人在面前，就問先生是不是來尋找龍穴的地理師。

林老師愣一下後說：「對，妳怎麼知道我的來歷？」，她說：「前幾天有山神曾托夢給我，說會有一位唐山的老師幫我的忙，讓我的兒子出頭天。當時的李太太心想，我要如何去遇見地理師，除非是在墓地才有機會，於是來墓地祭拜丈夫，順便求丈夫在天之靈能保佑兒女將來有出息。」

林老師一聽李太太所言心想，上次是土地公，這次是山神，難道我做這行註定要造福百姓？

林老師說明自己的來歷，是從唐山來的，既然是山神指示，就代表妳跟我有緣分，依妳先生的墓地而論，確實會對下一代的子孫產生不利的影響，此山形看來很活躍，如龍在翔舞，依山法解說，此怒龍雖踴躍，卻是結假穴。在風水的理論上，後面的玄武為靠山，若是破碎將來必會影響後代，所蔭

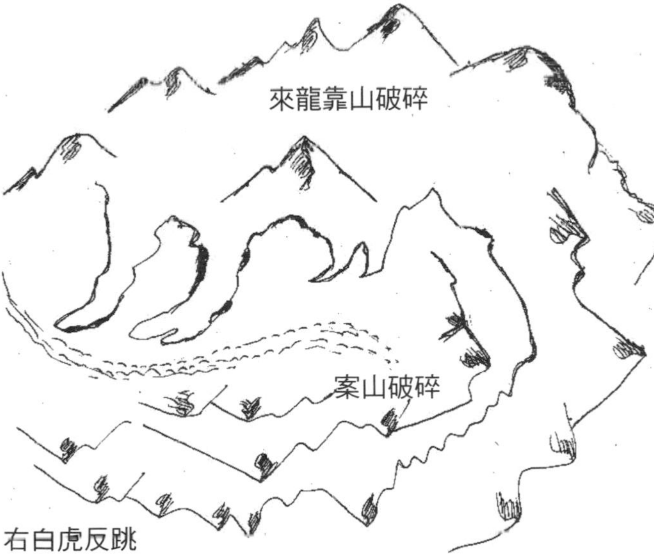

▲案山破碎，交友不正。

出的子孫在事業上容易犯小人，思想上容易走偏門，不務正業。左邊青龍砂手，代表將來子孫在外與人對待，也是兄弟之情，若是破碎，在外缺少人際公關，與人互動差。右邊白虎若是破碎，加上反跳，將來子孫容易受騙而犯小人，若順水而走，錢財難聚，嚴重者背一身債。前面案山，代表子孫在外所交的人士，若是破碎，交友不慎，容易受蠱惑並會犯官司。

李太太聽林老師這麼一說，確實覺得她的兒子最近開始覺得叛逆，以前很孝順，也不敢頂撞父母。李太太很誠懇地請求老師說，我丈夫之墓是不好的風水，懇求老師幫我先生重新找一塊地。我不求富貴，只要兒女能平安。林老師看李太太忠厚又樸素，心想，既然是山神的指示，若不幫她過意不去，也對山神不敬，就答應了李太太的要求。

在以前，山法家要幫福東造一門風水時，必須先瞭解此家的品德，若是品德差，再多的酬金也要拒絕，因此常聽說自古名師必跑路，也就是較有職業的道德觀。

隔日，師徒二人來到李家，李家是一座標準的三合院，雖不是大戶人家，但在經濟上還不錯。

李太太看見師徒二人來，非常高興，請師徒入大廳用茶，並叫兒女出來，雙腳跪地，感謝師徒願意幫他們父親重新找一塊風水之地。

以前的地理師是有尊嚴的行業，很受眾人的尊敬，可以說一門風水的富貴賤貧吉凶，都操在地理師的手上，所以地理師承擔的責任重大，也是一門道德的行業。

在古時，流行重男輕女的觀念，只論兒子，不論女兒，林老師將李家的兒子八字生辰詳細批命盤後，對李太太說：「這是天意的安排，難怪山神會托夢指示。」李太太問：「為什麼？」林老師說：「依照妳家兒子的命盤，將來確實會有出頭之日，是一位良才。若沒有好好培養他，反過來會是一位梟雄，也就是一個大流氓。之前沒有詳細觀察妳兒子的面相，今日仔細端詳後，妳家兒子的面貌，確實是難得一見。」

李家兒子面相重點分析

李家兒子的面貌，在三質屬於筋骨質兼營養質，額頭高，天倉微削，眉毛往上翹，眉稜骨高，眼睛定神，鼻子挺，顴骨平均，下巴飽滿，嘴巴大，聲音柔中帶剛。

一、額頭高，眉稜骨高，即是頭腦靈活，處事敏捷，聲音穩重，即是在工作上不喜歡變動，喜歡安靜，適合在企劃方面發展他的專長。

二、天倉削，鼻子挺，即處事會主動，不怕吃苦力求上進，下巴飽滿，即處事很圓融，在外人緣佳與人互動良好，可兼業務上的發展，善於公關手腕。嘴巴大，即善於口才，可盡量安排兼公關方面的發展。

三、額頭高，眼睛定神，聲音柔中帶剛，即是懂得應對進退，這種人的協調能力強，由他來帶動精英分子是最適合不過的了。

而營養質兼筋骨質的人，則大多擅長公關、協調方面的工作。

一般專業人士主觀強、剛直，需要個性圓融、穩重的人來調配，心性質的人，重視品味，自我要求完美，思想豐富，這也就是《易經》所講的一陰一陽的對應法則。

林老師觀察後心中有盤算，對李太太說，距離妳家村落大約數十里有一座山頭，十分秀氣，此地的好磁場對子孫後代會有幫助。此地原來就是指師徒所尋龍的一塊風水寶地，也就是猛虎跳牆穴。

林老師將此穴點給李家，交代此穴一些重點後，師徒便繼續往北而行。

1. 猛虎跳牆

猛虎跳牆，在山法的解說中，其力量無比，也就是所謂的速發，但必須具備些條件才能論猛虎跳牆格局。

第一點，其來龍必須要有石骨化氣，在山法家的解說，石骨為貴氣土為文秀，若來龍石骨剝換化氣為土，稱為貴中帶文秀。

第二點，必須有砂手，本身的條件也要有石骨化氣才有力量，砂手如一隻虎的爪牙，若是土質力量有限，其案山必要秀氣，如一塊肉釣在眼前，若太遠看得到吃不到。

簡單地說，前面案山如一塊肉，而穴場如一隻虎穴雄壯威武，其靠山石骨化氣剝換化為金星。此穴最大的優點，就是案山必須要秀氣，案山在風水學論將來的事業，也容易得到貴人相挺，所以富貴無比。

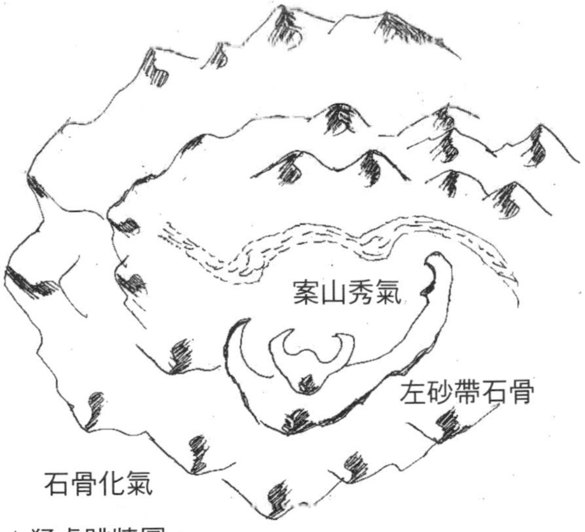

▲猛虎跳牆圖。

2.山體的分辨

我深感山體的好壞，足可以影響人一生的福禍，因此便花費許多時間和精力去探討，甚至走遍中國大江南北去詳細探究風水地理，並一一加以考證與印證。再將所得的資料輸入電腦，以做為研究之資料，將眾山體形一一分析，以利大眾明白風水的奧妙。

哪一種破碎會影響風水？在風水學的論述中，左青龍、右白虎、前朱雀、後玄武，是基本的概念。其一，最常見的是案山，也就是穴山和朝山之間的山，一般稱為案山來朝拜。風水師最喜歡的案山形態是由龍、虎方延伸至龍穴前方，形態清秀低平，不能矮小隱現，不能掩擋視線，這種案山稱為「觸手案」。其又可分為兩種，來自左方的稱為「青龍卷案」，來自右方的稱為「白虎卷案」。案山會加速龍穴的發力，但是凶形案山也會讓災禍來得更快。若案山有破碎或斜走，必會影響事業上的發展及成就。其二，與左右的砂手都有關係，會影響下一代人的運勢。「砂」主要是指穴場周圍層層環繞的山體。好的風水之地，講究來龍左右必須有起伏而下的砂山，其層次越多越好，以形成對穴區的環抱、拱衛輔弼的形勢。穴區左右兩邊的山謂之左輔右弼，亦稱左右護砂，或龍虎砂山。狀如牛角蟬翼的，被稱為蟬翼砂山。來龍和左右護砂形勢呈「個」字，龍無砂則孤，穴無砂護則寒，因此，護砂的作用就是保護穴場「不使風吹，環抱有情」。同時，左右護砂的形態、高低、長短、向背也要和諧對稱，和穴區距離要適當，過遠過低則勢散，過近過高則太逼。

若案山破碎，在風水學理論上，所蔭出的子孫，將來在事業上會交友不慎，容易受到外來環境的迷惑與欺騙，或喜走旁門左道，事業上容易犯小人，嚴重者官司纏身，容易與人有糾紛，是非多或容易有意外傷害。

3. 風水與六親的牽連

應一位蘇先生的邀請，我到他家的祖塋勘查風水是否有吉凶。

我問蘇先生，你有幾位兄弟，他說有兩位兄弟與兩位姊妹，也就是三男二女。

我問他你在家排行老幾，他說在男生排老三，若是將大姊排入是老四。

我對他說此風水對下一代子孫不利，並有拖房。

蘇先生說，在風水學上，是不是以一四七青龍邊為大房，二五八在中間為二房，三六九白虎邊為三房。

我對蘇先生說，這是基本概念，其實是有誤差的，因為這是來自以前重男輕女的觀念，現在不該將女兒淘汰。

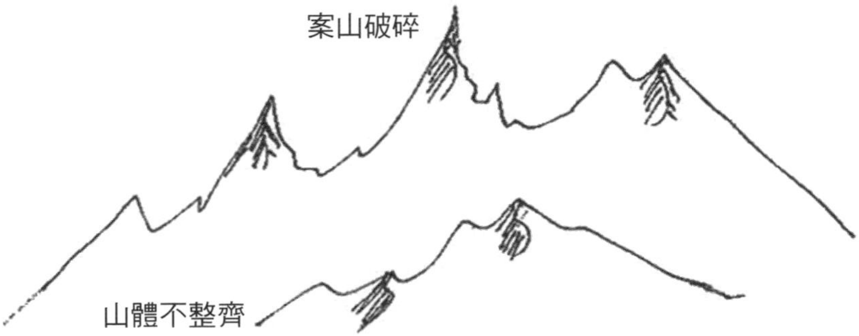

▲案山破碎示意圖。

我對蘇先生解說，風水與六親的關係，依照山法的解說，一門風水其實跟六親的血緣是有關的。你跟姊妹兄弟在父母給你們的血緣中各占二分之一，下一代是不是各占四分之一，再下去各占八分之一？他說對。所以，風水是以血緣來論吉凶。很多人受到以前重男輕女的觀念所影響，將女性的血緣排斥，這是錯誤的做法。

以你家的祖塋而論，坐西向東，前面三卦理，左邊東北方，中間東方，右邊東南方，如以古代的房份而論，左邊青龍反跳，大房事業先敗。蘇先生聽我所言，心中有疑問，左邊是大房，大哥確實在事業上不順暢，那我是三房排在白虎邊，為何我的事業也不順暢？我知道他心中有疑問，為了讓他瞭解風水的原理，讓他信服，特別解說此風水如何影響家運。

此風水對蘇家絕對有凶無吉。

其一，來龍的靠山不是真龍下脈，此墓的分金坐

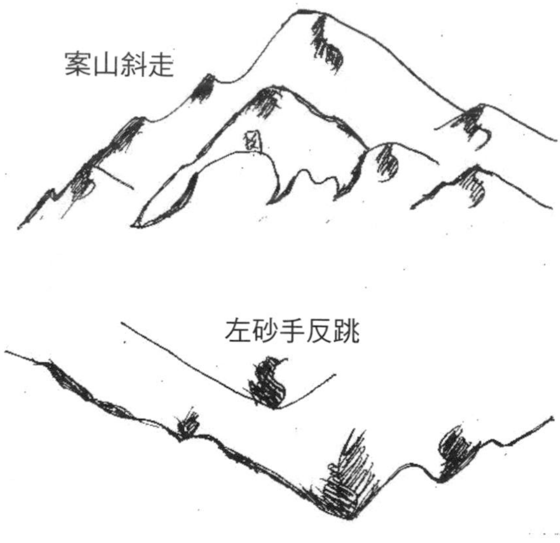

▲案山斜走，事業不順。

山的以靠山有斜，靠山代表父母星，也就是貴人星，若有斜坡，不但無貴人來提拔，反而受到阻礙。其二，左邊的青龍砂反跳，此風水的後代子孫在外與人互動不佳，容易受排斥，無貴人來相助。其三，前面的案山斜走，在風水學最忌諱，因為此山形斜走，會有拖房，也就是說六親在事業上，若不順暢時，會將兄弟姊妹拖下去。

論房份，以八卦的原理男女同論述，東南方代表長女，也就是大姊，若沒有錯的話，蘇家的大姊目前在經濟上面臨很多困擾，而且連累兄弟，也就是說，兄弟姊妹被拖累。大哥本身的事業不順暢，自身難保加上又被大姊拖累，兄弟中最小的小弟，也就是蘇先生，最近幾年因大哥及大姊的拖累影響，搞得自己，也背了一些債。

蘇先生聽我所言後，說我家的六親正如老師的論斷。現在我醒悟了，以前一直認為風水是以男性為主，現在才瞭解到原來跟六親的血緣有關，我決定跟六親商量，將我家的祖塋遷移。

各位，我今天將蘇家的風水論斷法公開，就是為了讓眾人瞭解風水的吉凶與奧妙。

4. 地理與體質

在臺灣有一句話，說南投埔里出美人，此地四周環山，中間是一塊平地，其氣候冬天不冷且夏天不熱，從地理風水的角度來看，確實是一塊好農地，是一塊理想的陽宅之地，所以才人口聚集，發為城鎮。

一個城市的發展與水口有關係，若其水口離城鎮越遠者，水口氣便越遠，除非其水口護山十分寬，否則力量不足。

以山法家的看法，一個都市的發展，由水而定，水口的運勢，代表都市的衰弱及好壞。以埔里而言，雖然為冬暖夏涼之地，但這一塊農地，它的水口是由台中沿海的大肚溪之溪口流出，因其水口砂距離鎮上較遠，也就促使其發展會較慢。

中國有一句風水之言，山東出響馬，江南出秀才，這句話很有道理。以山法家的解說，是跟地形、山形、土質有關，以地質而論，中國靠北方的地質比較硬，所以在此地所蔭出的人顏面骨多，在觀相學的理論上，屬於筋骨質兼心性質，因此山東的人高大強壯，其面貌骨質較多，所以出武將之格特別多。若是江南的山形，由高山剝換化為金星的體較多，而金星的土質較多，所蔭出的人下巴較飽滿，觀相學稱為筋骨質兼營養質，人比較矮，但其下巴較飽滿。

從這一點我們較能瞭解，一個地形的土質環境會影響人的體格及面貌，依照山法家的看法，確實有道理。以五行性質而論，若此人消瘦顏面骨多，以前的老師父看到你的顏面，就知道你家的祖瑩是火星或木星石骨質較多的穴場，若是你的下巴較飽滿，你家的祖瑩必是在金星或是土星的穴場所感應。

5. 太陰星土中帶石貴無比（宋楚瑜祖塋的風水格局分析）

以山法家之說，土星及太陰星較會出美人。

西元二〇〇〇年，我帶學員去中國長沙考證宋楚瑜祖塋風水，在半途中發現一個山形，是太陰下脈的山形。而在此地大部分山坡地的山形中，太陰星特別多，結果發現此地所蔭出的人面貌清秀，特別是下巴較飽滿，也印證當初老師父所言，山形與地質會影響人的體質，也就是說與環境有關係。

一路帶學員至湖南長沙湘潭，開始了宋楚瑜先生的祖塋考證風水之旅。在此期間吃盡苦頭，也睡過湘潭車站，因交通很不方便，而錯過接待所，勉強在車站熬一夜，一路行龍至宋先生的祖塋，發現果真如古書所記載，若是太陰星的來龍帶石骨化氣最為尊貴。

從側面一望如一隻活龜穴（何為活龜？若是形狀如一隻龜前面有水池，山法家稱為活龜穴；若是只有龜形，沒有水稱為死龜，也就是說此龍穴力量有限。）也印證太陰星來龍石骨化為小金星，所蔭出的子孫將來必是武將之格，而宋先生的父親在臺灣官拜海軍中將。

此龍穴如大金貼小金，其來龍石骨化氣，剝換化氣成為金星下穴。山法家云：「石為貴土為文秀」，若是石中帶土，稱為貴中帶文秀，以宋先生在臺灣的成就，也官拜臺灣省長。

明堂前面聚水池稱為活龜穴，此地形所蔭出的子孫較為秀氣，特別是女性出美人。因為其來龍太陰星下脈，又加上明堂聚水池，不但秀氣聰慧，根據《易經》的解說，水最大的功能是調候，此地的環境若石骨多而乾燥，無水來調候，住在此地的人個性上較固執，思想上較直接無心機。若有水池的話，就會開竅增長智慧，也印證中國有一句話，江南出文秀。因為江南所下脈結地，大部分是山坡地較多，受其影響，人的身高較矮，下巴飽滿，有智慧，因此江南的文才特別多，這跟地形環境有關。

▲湖南長沙，宋楚瑜家鄉。

▲宋楚瑜祖塋

十一、尋龍先知水——風水之法，得水為上

林青龍師徒一路繼續往北而行，不知不覺繞過一個山頭，發現此山頭的溪水特別多，也就是山群聚多，當然溪水也多。古師云：「尋龍先知溪水，必知何處有龍穴」。

林老師對蔡之元說：「此座山頭好看無作用。」

蔡之元心想：「老師今天是不是精神不振？明明是眾山聚集，又多溪水，以前說山有溪水必有龍穴，今天卻講此山頭好看無作用。」

林老師看出弟子心有疑問，就說：「我在此地休息，你仔細勘查看出端倪後再將情況告訴我。」

蔡之元心想，剛才老師講的這一句話，必有玄機，可能是自己太多疑，就認真在四周觀察。

林老師問他：「此山頭你有沒有看出什麼端倪？」

蔡之元搖頭說：「老師，我看不出此山頭的優點和缺點。」

林老師哈哈大笑說：「江湖一點訣，說破無價值。」

依照山法家的解說：「一座山體看起來雄壯，以地理風水的角度來判斷，此山頭是否是真龍正穴，要以水的曲直來論，若是水有大轉彎此地必是好龍穴，又曰大轉彎之餘必出枝腳來纏，也就是說高山的幹脊，大有回轉剝換才能結為大地。而山直水直，則是好看無作用。」

蔡之元說：「我怎麼沒有體會到老師常講的山體不起伏非真龍，水不彎曲無纏龍來護身。」

林老師對蔡之元說：「此山頭看起來很雄壯，但其流水直，所以中看不中用。」

此龍看起來雄壯威武，其實此山頭為化氣，也就此山頭石骨特別多，山法家稱為粗暴龍，無化陽不成地，而水直流便是急流不聚財，不是好龍穴。若此龍要結穴必須行度剎換數里才能結穴，於是，師徒一路沿溪水追尋此龍。

蔡之元問：「老師是如何判斷此山頭必須數十里才會結穴？」

林老師對他說：「此山頭的過峽較深，山法家以過峽及過脈，束氣的深淺、瘦肥、行度來判斷此龍何處能結穴，龍身跌伏深，代表此龍穴必須數里或是百里才結穴（百里結穴力量無比）。」

師徒一路追此龍數十里，發現行度大有轉變剎換，化為貪狼星體。

林老師對蔡之元說：「此龍結穴不遠。」

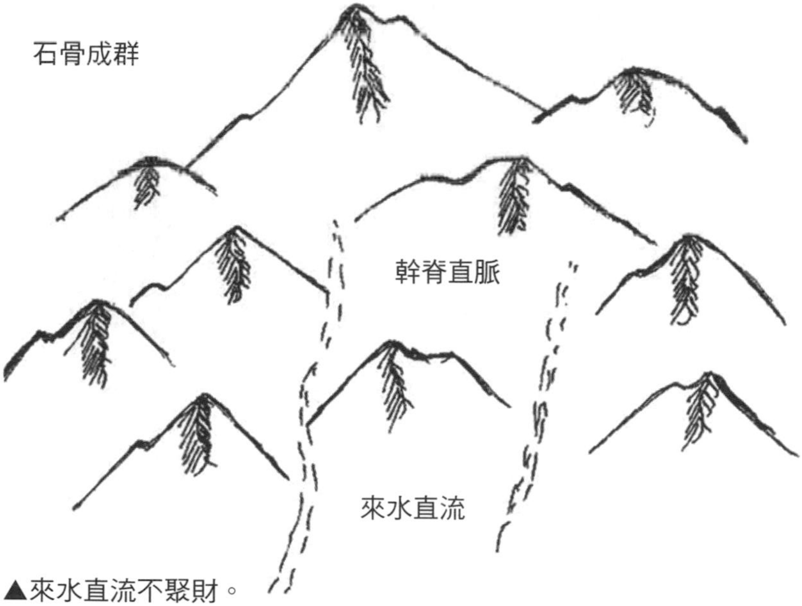

▲來水直流不聚財。

蔡之元問：「怎樣判斷？」林老師說：「你忘記龍體要結穴必須再起頂。」蔡之元說：「是不是龍不起頂非真龍？」

師徒一邊行走一邊聊天，忽然行度之龍起一頂，師徒看到此山頭秀氣，正要加緊腳步繼續追此山頭，此時接近黃昏，需要趕緊往村落找歇腳地。四下一望，大喊糟糕，一路追龍沒有顧慮時間，此地一片曠野，要如何找到一間民宅歇腳呢？

忽見另一個山坡地有煙囪冒出白煙，有煙囪必有住家，師徒二人加快腳步，往煙囪而來。走到近前，他們發現一間民宅。

蔡之元正要敲門時，出來一位中年婦女，開口問兩位有何事。

蔡之元說：「我們因有事錯過時間，此地離村落遙遠，不知能不能在貴府過夜？」

此家男主人姓羅，膝下有兩男兩女，孩子長大後成家，只有最小的女兒未嫁留在山上。

羅夫人說：「最近我家先生的身體狀況不佳，越來越虛弱，你們出外人，若不嫌棄的話，可以在我家住一夜歇腳。」

師徒二人進入大廳，見椅子上坐了一位中年人，硬起來跟師徒打招呼，看起來身體很虛弱。從他家的擺飾看，雖然樸素但有一點雅氣。

師徒在羅家用餐後，與羅先生聊了一下便歇息。

隔日早晨，師徒走出屋外稍微運動時，發現羅家的房屋蓋在兩山之間的水路。林老師心裡有盤算，用早餐時對羅先生說，你在此屋住多久？

羅先生說：「大約十年左右。」

羅先生覺得師徒不是普通人，就問你們對風水是否瞭解？

林老師看此夫妻很樸素，是忠厚老實人，就表明了自己的身分。

羅先生一聽是從唐山來的地理師，非常高興。

在以前，很多山下的房屋，大部分會蓋在水邊。因為以農為主，將農作物取回來要清洗，為了方便，很多山上人家選擇在水邊蓋房屋，殊不知此水會影響家運，以及住在屋裡面的人的身體健康。

林老師說：「你的住宅蓋完後，起初有一段時間運勢不錯，但在三年前你的家運有變化，而你的身體漸漸虛弱。若沒有錯的話，你的雙腳患有風濕病，嚴重時頭會痛。」

羅先生說：「對！老師怎麼知道的？」

林老師說：「依照你家的住宅來判斷。」

其一，羅家住宅坐東北向西南，羅家的山形在山法家而論，在兩山之間必夾一條水路，而住宅在水路的中間沖下來，雖然你在水路做一道磚牆，將水引導在左邊流下來做一個蓄水池，但此地的濕度大。依照《易經》對陽宅的解說，濕度大對人體絕對有傷害，在八卦的理論上，東北方在你家的後面被水沖，《易經》解說艮卦在八卦代表腳部，又加上在西北有蓄水池，依照風水的理論，居住在此住宅的人身體方面的共同點，就是雙腳容易患有風濕病。

其二，有時頭部會感覺有積水或頭痛。

其三，此地形兩山夾一水，不論是陰宅或是陽宅同論，若是陰宅更嚴重，因為陰宅所影響的是全族的人，也就是跟此陰宅有血緣關係的人，在陰宅稱為暗病，也就是在醫診上查不出症狀。

羅先生說：「我的身體確實有此症狀，若此地對住宅風水不利，也許會考慮遷移。」

林老師聽到羅先生有意遷移，心裡盤算，今日來此歇腳，算來是有緣分，看羅家夫妻又是忠厚老實人，身為風水的達人，又動了善心的念頭。

他對羅先生說：「昨日我師徒還未到你家之前，尋找到一塊風水寶地，此地形很適合陽宅局。」

羅先生問：「哪一塊地？」林老師說：

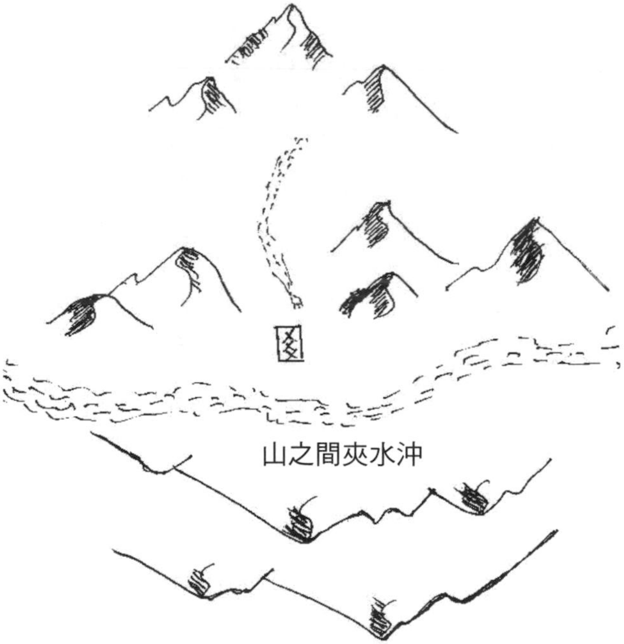

▲山之間夾水沖，易患有風溼病。

「在你家的南方方向，有一座山頭很秀氣。」

羅先生說：「我知道此地，當初也有意選擇此地蓋房屋。」

林老師問：「那為何不蓋，是不是有一些讓人不放心的地方？」

羅先生說：「此山的半腰有一塊平地，老師你上去看過嗎？」

林老師說：「沒有，依照山法的解說，真龍真穴必會有氈唇而平坦。」

羅先生當初看到此地，有考慮蓋房屋，後來放棄，因為此地有很多毒蛇。

林老師心裡早知，哈哈大笑說：「是不是毒蛇特別多，到了秋後最為明顯。」

羅先生說：「確實，秋後有很多毒蛇，春天時毒蛇也很活躍，考慮家人的安全，最後選擇放棄此地。」

林老師說：「我常說萬物是我的導師，其實風水學的理論，確實跟萬物棲息有很大的關係。我們都知道蛇需要冬眠，牠的敏感度自然勝過人類，冬眠時一定會找一塊冬暖夏涼之地，若此地濕度太大，氣候一冷一熱，一定無法冬眠。當初聖人發現蛇在此作巢棲息，發現此地冬暖夏涼，也就是說此地形下面有一股氣。而四周有物體來護，也就是左邊青龍和右邊白虎邊來護穴。所以說，即便有毒蛇也是一塊風水寶地。」

午後，林老師師徒與羅先生夫妻一起到此山頭。

林老師對蔡之元解說：「此山龍的奧妙，來龍起頂剝換轉脈化為貪狼木星下脈，其幹脊彎曲，也就是說龍脈有彎曲，最為尊貴，其力量無比。若是幹脊直行無彎曲，不是真龍穴。若山體有彎曲，水必隨山體而流，就能化成護龍，也就是說左青龍右白虎來護穴。此龍身至穴場展翅開面，造成明堂開闊，適合陽宅局。此龍中間下脈，左右有小溪水相叉出水，是難得的一塊風水寶地。」

羅先生聽林老師分析後，十分佩服的說：「老師你對山形瞭若指掌，我每天與山為伴，竟然沒有你這麼瞭解山形的奧妙。」

不久，羅先生在此龍穴的氈唇平坦之地蓋了一間房屋，自從搬入後，身體漸漸康復，家運昌隆。

師徒離開羅家後，一路往北轉西沿溪水而行，繼續尋龍。林老師叮囑蔡之元，溪邊的小路一定要詳細觀察。

蔡之元問：「老師，難道小路有玄機嗎？」

林老師說：「對，特別是沿溪水的路，確實與山

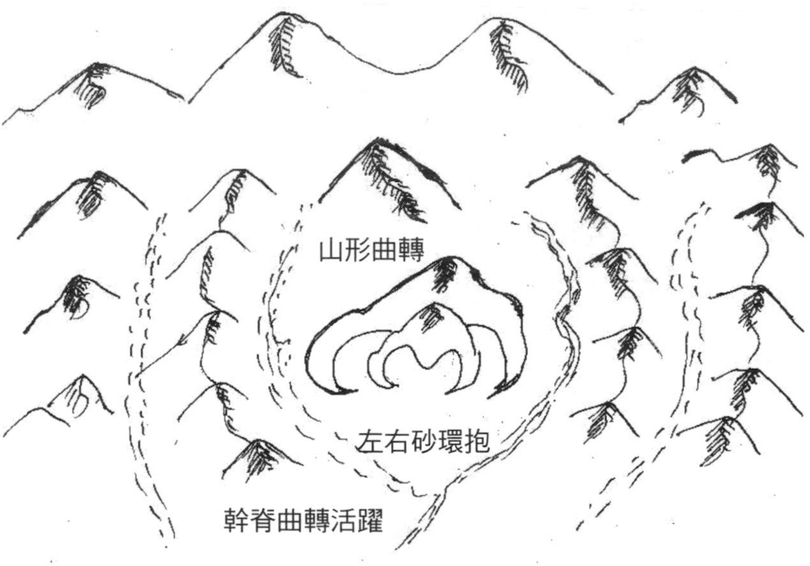

體的龍穴有關聯。以山形高低轉彎開小路，若是一高一低代表山的稜線，低者是兩山之間的水路，若是越彎曲的小路，代表砂手山體的溪水路如一棵樹木，溪水之間越茂盛，代表龍體越多，也就是山體分脈越多。若是山上的溪水與另一條溪水距離越遠，代表此山體為粗山，所以以前的山法家，在判斷一個山體的龍穴，皆以溪水來做參考。山法家在審龍時，以溪水來判斷此龍體的造化，若是溪水的彎曲處多，則此龍體的枝腳多；若是彎曲少，山頂流下的溪水必有橋；若兩條溪的距離遠，代表此山形來龍較長；若枝龍屈曲轉彎有力，而其斷處多，必有好龍穴；若其山體其斷處少，其龍不是真龍穴。」

林老師一路沿溪水而行，一邊尋龍一邊解說溪水與龍體的關係，忽然間看見東方有一座山頭，跌伏剝換曲轉，如一隻龍在翔舞。師徒看到此龍活躍，加緊腳步追此龍，發現此龍剝換為金星體，也就是山坡地，

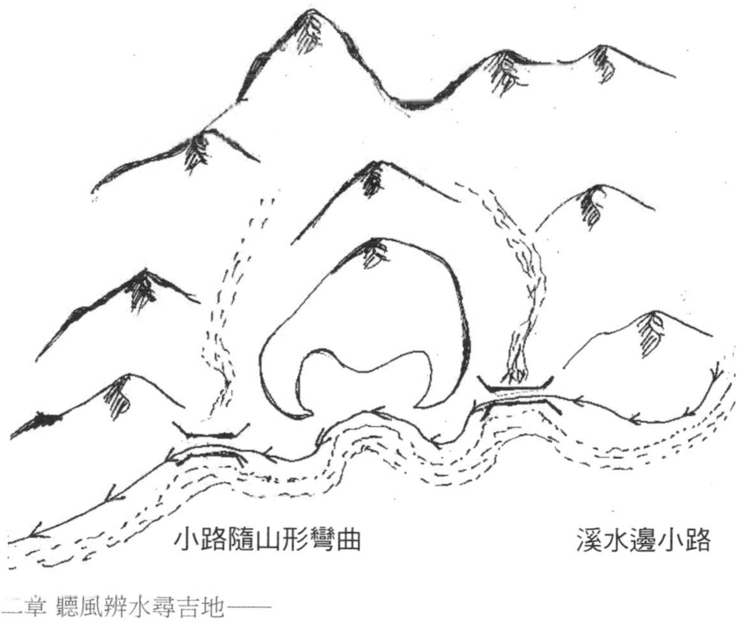

山法家稱為平陽岡龍。有一群牛羊在吃草，旁邊有兩個孩童在山坡地燒水、烤番薯。

林老師看此山形後，心裡有數，對蔡之元說此龍穴有答案，蔡之元回答：「老師我還在勘查中，未看出真龍穴，你就說有答案。」

林老師對蔡之元說：「山坡地有兩位孩童在烤東西。」「是在烤番薯。」蔡之元回答。

「你詳細觀察，四周山坡地的草木是不是有變化，也就是在這兩位孩童烤番薯的地方，草木顏色與其他的是不是不一樣？」林老師道。

這時，蔡之元哦了一聲，說：「我悟出來了！」

師徒趕緊來到孩童烤番薯的地方，看見有一座墓。

孩童看到師徒二人就說：「兩位不是本地人。」蔡之元說：「是的。」

林老師對孩童說：「你們烤的番薯一定很好吃，可不可以賣給我們？」

孩童說：「先生你要就拿去吃。」

在以前，衣食不足，住在鄉下較貧窮人家的小孩，只有烤番薯來做點心。

林老師叫蔡之元拿幾個銅板給孩童。

這兩位孩童看到銅板，喜出望外。古時候小孩身上要有一點錢財實屬不易。

其實林老師有他的用意，問孩童說：「你們是不是常來此山坡地放牛羊？」

孩童說：「是常常趕牛羊來此山坡地。」

林老師說：「為何要選擇此山坡地？」

其中一位孩童說：「先生你不知道，這四周的草木特別茂盛，而在此地燒水或烤番薯，特別好吃。我告訴你，在其他的山坡地所烤出的番薯味道，就是沒這個地方所烤出來的味道香。」

林老師心裡有盤算，一邊吃一邊詳細勘查四周的山體。

蔡之元要問此龍穴時，林老師對他說：「天機不可洩露。」

察看此地後，二人來到村落，找一家客棧歇腳。

在用晚餐時，他們聽到旁桌有一群人在講話。其中有一位中年男人，對另一位男人說，你雖然沒有兒子但也不要洩氣，這是命中註定的。再說，你家的女兒都生得很秀氣，又聰明乖巧，不輸男兒。這一位男人嘆一口氣說，還是要有男丁才能對祖先有交代。古時重男輕女的觀念很嚴重。

這位男子姓呂名家雄，在當地是大戶人家，膝下有三個女兒。

林老師一聽，對蔡之元說：「此人無男丁與他家的祖塋絕對有關係。」

林老師一時好奇，就走過來對呂先生說：「我剛才無意中聽到你們的談話，先生不要怪罪。若沒有猜錯的話，你家的二千金是不是出落得最漂亮。」

呂先生有一點驚訝，詳細打量師徒二人後說：「兩位不是本地人，你怎麼知道我家的情況？」

林老師說：「這些都寫在了你的臉上。」這時，全桌的人都驚訝不已。

「未待君開口，能知君心事。」

呂先生愣了一下，說：「先生你會五術嗎？」

林老師說略懂一點。

這時，蔡之元愛出風頭的毛病又犯了，對呂先生說：「我師徒是從唐山來的，這位是我老師，從事風水地理。」

呂先生一聽是從唐山來的地理師，非常高興，請師徒一起來聚餐。

林老師知道呂先生心中的疑問，就開口對他說，你膝下有三位千金，若沒有錯，大女兒個性忠厚老實，講話直接較無心機；二女兒處理事情較靈活，能知進退；三女兒處事依賴性強，也比較會享受。

這時，呂先生跳起來，說：「老師你很神，竟然能斷出我三個女兒的個性。」

林老師對呂先生說：「尤其是二千金，在姊妹之間面貌最美麗，又聰明乖巧。」

在座的人紛紛挑起大拇指，說：「老師你真神，竟然從一個人的面貌，可以看出下一代的成就及個性相貌。」

其實，林老師是應用觀相學的理論，在觀相學有三個質，筋骨質、心性質、營養質，就呂先生的面貌而論，屬於營養質兼筋骨質，額頭低，天倉飽滿，眉目清秀，眼睛定神，鼻子挺，顴骨反，下巴飽滿，嘴巴大，下巴有朝。

隔日，呂先生邀請師徒二人到他家做客，並讓三個千金來參見林老師。

林老師看見三位女兒的面貌，又起了好奇心，對呂先生說，你家女兒的面貌與將來的成就，與你家的祖塋大有關係。

其實呂先生心裡有數，一方面邀請林老師來做客，一方面也想邀請林老師到祖塋勘查，為何他只有女兒命而無男丁？

隔日，呂先生帶師徒至祖塋勘查。

到了現場，發現此地原來就是師徒一路追蹤的太陰星。

林老師心想，這是天意所安排，也是天賜給你呂家最好的禮物，就將此地形的風水，所蔭的功能向呂先生一一解說。

此龍穴由數十里來龍，轉換剝換為太陰星，化為平陽龍。此山坐北向南，左右砂手帶衣裙，依照山法解說，左青龍右白虎的砂手如帶裙，此地必蔭出秀氣之子孫。若是蔭出男丁，將來會娶美麗標緻的媳婦；若是蔭出女性，將來所嫁之夫君，必會出人頭地，貴拜官夫人。

此龍穴左右砂手帶衣裙，前面明堂水池如明鏡，來龍又是太陰星坐靠山，加上坐北向南，前面所聚氣陰，代表此風水必生女兒較多。

呂先生聽後，心裡感覺很踏實也認了，這是命中註定，是天地所造化成的，很難去改變。

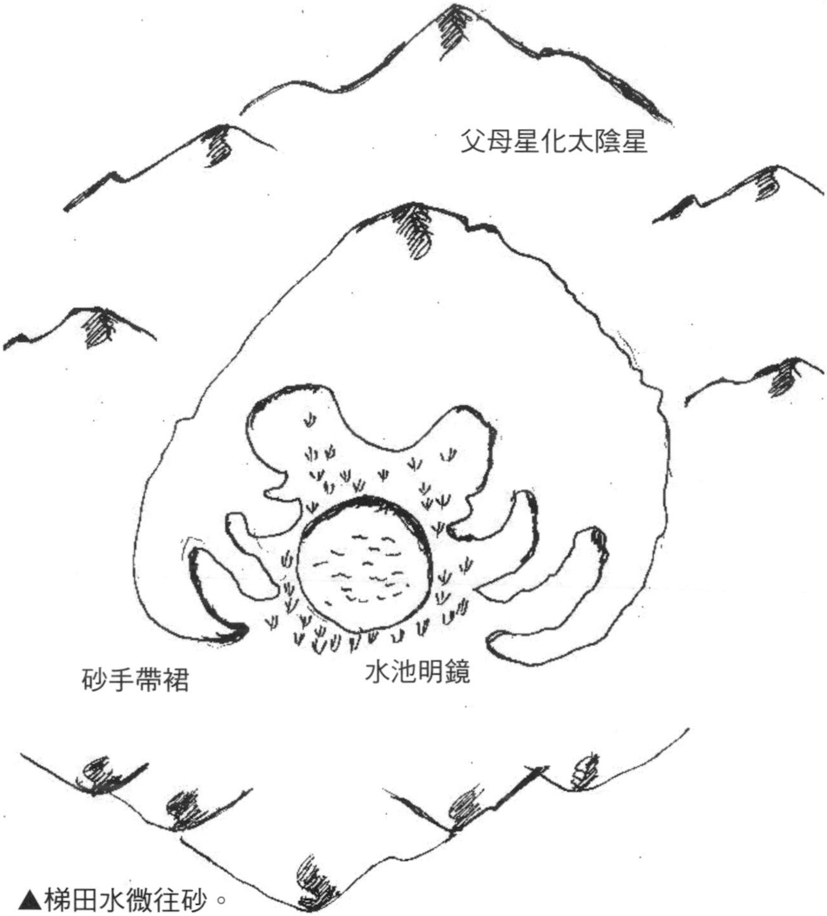

▲梯田水微往砂。

1.風水中「水」的重要性

古語說：「未看山，先看水，有山無水休尋地。」《青囊經》中也說：「地有四勢，氣從八方。乘風則散，界水則止。」認為只有水才能夠聚藏生氣招諸福祉。可見，風水是以水法來判斷地理吉凶的。所謂「山主貴，水主富。水淺處，民多貧；水聚處，民多稠；水散處，民多離；水深處，民多富。」

風水家認為龍穴吉凶在水，以交、鎖、織、結四種水形為吉，以穿、割、箭、射四種水形為凶。明代劉基在《堪輿漫興》中曰：「尋龍山水要兼論，山旺人丁水旺財；只見山峰不見水，名為孤寡不成胎。」通俗地說，好的水要具備以下幾點：一要清潔；二要流動；三要環抱有情；四要彎曲，水勢彎環屈曲長，人丁千口福壽長；五要忌高；六要深廣。

2.風水蔭女性的格局

一般在市間常聽說，某家的風水蔭女性，依照觀相學的理論，若是女性的顴骨佳，眼睛定神者，大部分都掌握權力，在家也主導一切。

在地理風水的理論上，以左青龍為東方代表男性，白虎為西方代表女性，這是基本概念。其實有些誤差，又加上重男輕女的觀念，因此有很多學者以青龍為陽卦，白虎為陰卦來取用。

特別在中國南方及臺灣，受此學術的影響，在尋龍點穴時，必須青龍過明堂，也就是說青龍要勝過白虎，若白虎強勝過龍邊，家裡的女人掌權。結果所蔭出的子孫在將來的成就上便有天壤之別。

有一次，我在台中教觀相學，這次的課程論述顴骨，其中有一位男性學員問顴骨與家運及風水有關係嗎？我對學員說確實有關，依我多年的經驗，看過無數的面相及陰宅陽宅，得到的結論是，若是女性的顴骨佳，在陽宅主掌權力，但勞碌，在陰宅的祖塋，所感應的磁場大部分是女性較能幹，也就是說女性勝過男性。因此，女性顴骨佳，風水蔭女性掌權。

在苗栗應一位鄭先生的邀請，勘查祖塋風水的吉凶，我勘查四周的山形後，對他說，你家祖塋左邊的青龍邊過明堂，也就是說龍強虎伏。鄭先生說，當初我的父親對風水很重視，有生之年常常邀請地理師幫他尋找龍穴，此地是經過幾位地理師認定，才將祖塋遷移此地。父親有交代，百年過世後，他也要埋在此龍穴，因為此風水將來蔭男性，必會出人頭地，兒媳必乖巧。

我笑笑對鄭先生說，恰恰相反，他聽後愣住了，我繼續說，依照此風水的磁場感應，蔭出所生的女兒較多，你有幾個兒女？他說一個兒子和三個女兒，女孩較多。

我對鄭先生說應該恭喜你，他說老師愛說笑，生女多還恭喜，其實鄭先生還是受以前重男輕女的思想所影響。

這也難怪，明明父親所找的地理師交代的是將來男丁會出頭天，沒想到適得其反。

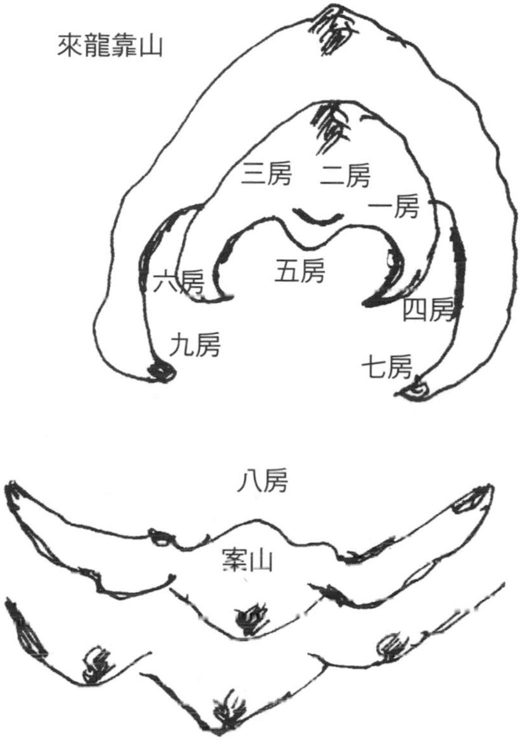

以上圖的風水論房，一四七在左青龍邊，二五八在中間，三六九在白虎邊，這是風水的基本概念。大部分都以男性房份而論，與現代的風水理論有誤差，因沒有將女兒的房份安排入風水論，而造成風水上有一些疑問。

山法家的解說，最重視血緣的關係，以山體而論，如一棵樹木的枝幹有枝有分腳，論血緣之關係，案山不是本之體，所化分枝體，不在本山之血緣，所以將案山朝山論娶過來的兒媳，不論六親之內。

左青龍邊一四七房份，此山形砂手也代表蔭出幾代的富貴。鄭先生聽我所言後，瞭解了風水房份論斷法的原則，他說以前所聽說的風水，只知道論男丁，而不論女兒，這和當初我父親所邀請的地理師所言有差別。不過他心裡還是有疑問，問我為什麼他家的風水，左右青龍有砂手所蔭出的子孫，女性特別多。

我對他說，依你家的風水格局，確實是一塊風水寶地，我還是要恭喜你，現代社會最孝順的應該是女兒勝過兒子。我有一位叔叔，年近九十歲，無妻無子被送到養老院安養，我常去探望他，發現養老院有很多兒女去探家人，其中女兒將近百分之九十，很少遇見兒媳去探望長輩的。

依照血緣的關係，兒女是六親之血緣，兒媳不在血緣之中，只是盡一份孝心，所以我常對人家說，若是你的太太願意去照顧你的長輩，你要感恩她有這一份孝心。

鄭家祖塋（坐東向西），靠山由貪狼星剝換化為金

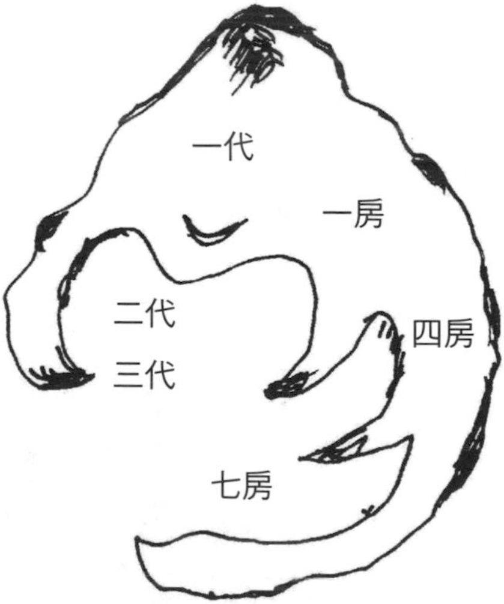

星下脈，左邊青龍邊過明堂來朝拜，右邊白虎砂較短。依照山法家的理論，若是砂手過明堂，將來所蔭出的子孫一團和氣，也就是手腕往內伸，兄弟姊妹之間能互相照顧。最難得的是左青龍過明堂，又起金星山，山法家稱為戴金珠來朝拜，也就是將來的子孫在外有成就，受眾人尊敬，在政治方面發展必有貴格。

此墓前面的案山為西方之氣，八卦在兌卦代表少女，兌為文昌位，也就是此風水所蔭出的女兒貴無比，特別在文學方面有成就。

這時，鄭先生才露出微笑，看來很得意地說，林老師你很神，從風水的角度，竟然能斷出下一代的成就，確實我的小女兒前三年考上大學，而大女兒現在在一所國小當校長，已經出嫁。

我對鄭先生說，風水磁場所感應的是六親血緣關係，而不是以前古代的概念，只論男不論女。鄭先生接受我的看法，他說現代人很多都是生女兒，女性在社會上的工作及成就，很多勝過男性。

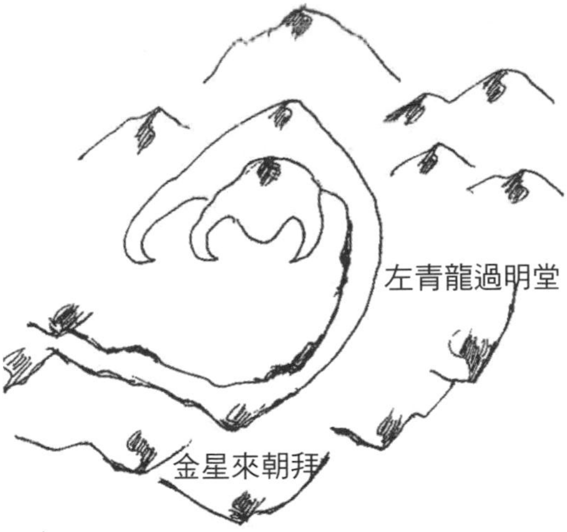

▲鄭家祖塋。

此山形白虎過明堂，按古時的風水解說，白虎代表兒媳，也就是虎強龍弱，家裡的女性掌握權力。跟兒媳沒有關係，因為此山形由本枝龍過明堂，故以六親論斷，不以兒媳論斷。

有一次我帶學員實地考證風水教學時，發現有一些人在祭拜一處風水，其中有一位年齡較大的男性對一些兄弟姊妹說，我們家的風水確實是一塊風水寶地。旁邊一位中年女性說，確實祖塋所蔭出的子孫，在外的成就非凡。另一位中年男性說，我記得父親有交代，說我們的祖塋將來兒媳比較強勢，結果不是兒媳強勢，反而所蔭出的女兒較能幹。另一位女性說，一定是父親聽錯了吧！這時，一群人哈哈大笑，年長者說平安就是福氣。

其中有一位陳學員，心中有疑問，據他所知，若是白虎過明堂，是家裡的女性掌握權力，另一位學員說我們去請教老師，難得有實地的教學。

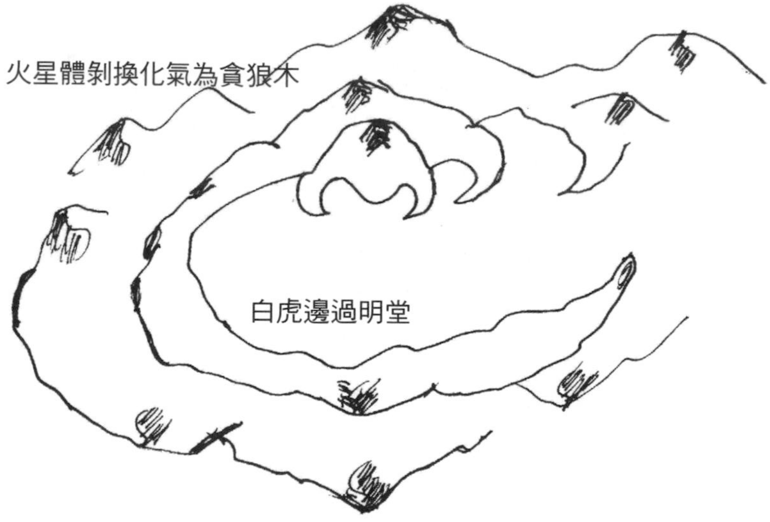

▲白虎過明堂。

我對學員說，一般的看法皆認知白虎為女性，這是基本概念，但若是坐向不同，就會有轉變。我叫一位學員去量準確的坐向，學員測量後說，此山坐東北向西南。此墓的家屬（張氏族人）看到我們，知道我在當面教學，都過來傾聽。

我對學員說，此來龍由火星剝換，化氣為貪狼木最為尊貴，以靠山而論，代表蔭出的子孫將來的成就，若是靠山秀氣將來的子孫容易受提拔，若是破碎者，子孫在事業上容易受阻礙。右邊的白虎砂過明堂秀氣有情，也代表此風水的下一代，能相助（也就是說手腕往內伸），雖然左青龍較短，但有三、四隻左砂來補救，所以，此風水就會產生房份平均。

另一位學員有疑問說，老師，這雖然是好風水，畢竟六親的富貴有差別，要怎樣去論斷？

我對學員說，要論富貴的差別，先認知山形有情無情，此風水的明堂是最為秀氣有情，有兩層案山來朝拜，代表此風水的大姊在兄弟姊妹之間最有貴氣，處事有魄力，在外人際公關與人互動佳。若在事業上，必是一位成功的女企業家，或是在地方上能呼風喚雨的女強人，以此風水所蔭，地碼有兩代的格局出女貴格。

這時，張家族人聽我所言，全部叫好拍手。其中一位中年男性說，老師你貴姓，其中一位學員說，這是林老師，在山法界人稱「黑面林」。張先生說，林老師你很神，竟然能從風水看出我家族的成就。正如老師所說，我的大姐是一位成功的企業家，另有一位姪女現任民意代表，我們家族確實一團和氣會互相幫助。

學員們聽張先生所言，更加信服好的風水磁場，確實能感應全族的成就。

3. 房份

又稱公位，指陰宅陽基方位之吉凶決定大小子女之不同禍福。

風水家認為，不同方位均代表不同的家庭成員，其五行生克吉凶即其所代表者之吉凶。以陽宅八卦方位論，東方震位為長男，東南巽位為長女，南方離位為中女，西南坤位為母，西方兌位為少女，西北乾位為父，北方坎位為中男，東北艮位為少男。八方八位各有不同生克。如震山坐宅，乾位開門，乾金克震木，長子受損；乾山坐宅，離位開門，離火克乾金，老父受損；金者震木門，克艮土宅，少於受損；巽木門克坤土宅，老母受損；兌金門克震巽宅，長子長女受損……陽宅中多以穴場四周之砂水堂局定房份，且多隻論男子長少。如左下角為長房，明堂為右房，右下角為三房，左上角為四房，蝦須水之頂為五房等等。凡山形清秀端正，圓潤繞穴則吉，傾斜破碎則凶。

十二、福地福人居——山勢的五行與化煞

師徒一路追龍，一路聊天，蔡之元說：「老師，我們一路追龍，發現大部分的山體都離不開五行的山體，火星出貴的山體較多，金星和土星蔭出的財富較多。」

林老師說：「你這一趟從唐山隨我出來，確實進步很多，已經能領悟山法的精華與訣竅了。只是每一個山體變化無窮，尋龍必細查。」

二人一路說說停停，忽然看見一座大巒的高山，山法家稱之為祖山，此山雄壯跌伏其斷多。

林老師對蔡之元說：「尋山先識背與面。」

蔡之元說：「老師，我們現在所見的是背不是面。」

林老師說：「從這個角度來看還未知是背或面，一座山體要先知來龍的跌伏及星度。此山形來龍行度一伏一跌還在剝換，也就是龍身未停，此龍體跌伏有力，若是結穴必成大格局。」

在古早時代，臺灣最出名的地方是一府、二鹿、三艋舺，其中以三艋舺代表北部，也就是說當初先民由唐山移民過來，若居住在北部，先民大多由滬尾（現在的淡水）登陸。當初唐山來臺灣的地理師，確實功力一流，從淡水河入臺北盆地，臺北盆地左邊是觀音山群，右邊是大屯山體，這些地理師一入淡水河，一眼就看出觀音山的山龍必成大格局，而不會先選擇大屯山體，因此觀音山群龍氣活躍必成大格局。現在的獅頭山公墓，流傳一句名言，七弧一冬瓜沒有狀元也有探花，此公墓居臺灣十大公墓之冠。

師徒繼續追龍脈，看見一座大巒山頭，跌伏多，如一條龍在跳躍。

林老師對蔡之元說：「此山龍變化無窮，尋龍必細查。」

師徒一路沿山邊過一條溪水，發現此龍體大轉彎，而溪水隨山形而轉。

這時，林老師說：「若在尋龍體時知溪水流向便可知何處有龍穴，尋龍必須謹記，水從左轉虎必長而包龍，若水自右來龍必長而包虎，這是山法的訣竅。」

▲來龍氣脈活躍。

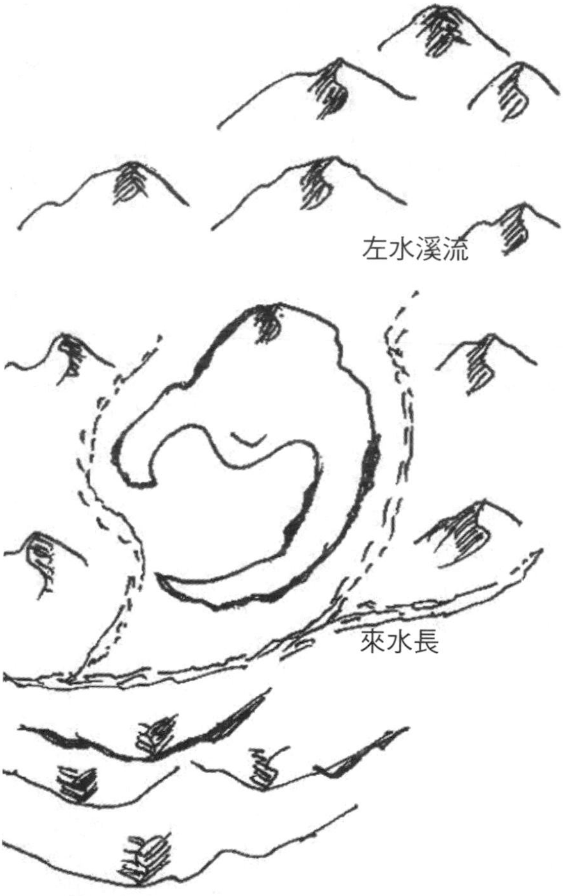

▲水從左轉虎必長而包龍 。

師徒沿溪水左轉，忽見一隻砂手較長，一隻砂手較短。

林老師說：「此龍穴在眼前。」蔡之元說：「是不是溪水轉左穴在右？」

林老師說：「這是原因之一，其二，最主要是此龍穴的束氣短化陽，在山法家的解說，要此龍結穴遠還是近，以束氣為主，若是束氣深，此龍還在剝換未停，若是束氣跌伏不深或是肥，代表結穴不遠；其三，以溪水來判斷，若是溪水近而緩，代表龍穴近在眼前。」

師徒沿溪水尋龍見此龍，由左溪來水穴在右邊。正在欣賞此龍穴時，突然聽到山下一對農民夫妻在爭吵，男的說都怨你，將錢財借給娘家的親戚。現在兒子在城內學堂讀書，需要錢財，而當初你的親戚說，若是兒子要去讀書，要用到錢財必會還給我們，今天變成他賴帳。

原來，這一對夫妻住在山下另一山頭，夫家姓賴，在三年前將一筆錢財借給娘家的親戚，親戚許諾，若你的兒子要去城內讀書時，必會還你的錢財。今天到親戚家要他還錢財，結果賴帳，說現在沒有錢財，暫時無法還你們。而女的也有怨言說，不是只有我娘家，連你的堂兄弟向我們借的錢財，至今也賴帳不還。

林老師一聽此言：「對蔡之元說，這一對夫妻的錢財被借，而對方賴帳，若是沒有錯的話，一定跟她的住宅與陰宅的風水有關係。」

這時林老師心裡有盤算，又開始起念頭。

師徒二人下山坡地來勸架，這對夫妻有一點不好意思，家醜不能外揚。

賴先生看到師徒忽然出現有一點驚嚇的說：「兩位看來是出外人，剛才你們從山坡地下來，是不是在勘查地形？

蔡之元說：「這一位是我老師，我們從唐山來的，一路追蹤山體尋龍。」

賴先生夫妻一聽是從唐山來的地理師，又驚訝又興奮的問：「此地有好風水嗎？」

蔡之元笑笑說：「天機不可洩露。」

林老師對賴先生說：「不好意思，無形中聽到你們夫妻在爭吵。」

賴先生說：「不好意思見笑了。」其實他心裡在想：「能不能請教家運之事？」

林老師已知賴先生的心意，就對他說：「你是不是想問，為何錢財守不住？而被他人所借的錢財、有去無回，為何要債討不回來？」

賴先生說：「老師你已經看出我的心思，拜託你到我家的住宅或是祖塋看看，是不是風水出問題？我們夫妻一生很儉樸，好不容易存一點錢財，就會被親戚借走，是不是我們命中註定的？」

林老師心中純善的念頭又起，同時也很好奇，想瞭解賴家到底是陰宅還是陽宅的風水出了問題，就答應賴先生夫妻的邀請。

賴先生聽後，非常高興，帶師徒向自家而來。

林老師看此山形秀氣，此山適合蓋陽宅，前面案山帶曜星來朝拜，確實是一塊風水寶地，但為何賴先生錢財不聚，感覺納悶。

林老師看後，心裡有疑問，對賴先生說：「如果沒有錯的話，你家是從別的地方遷移過來的。」

賴先生說：「確實，不瞞你說，十八年前我太太曾經做一個夢，有一位老婆婆引導她在此地的草叢發現一個嬰兒在哭，老婆婆說，福地福人居。我太太夢中醒來告訴我，她所夢的地方，就在離我舊宅不遠的山頭附近。那時我心想，既然是老婆婆的指示，那就去山頭勘查，我們夫妻發現在現在所蓋房屋的地方有一股氣，從地面往上升。我大略有聽說，若山中有霧氣是龍吐霧，所以求山神的同意，在此地蓋房屋。」

林老師對賴姓夫妻說：「這是你們修來的福報，也就是你們平時常做善事，感動天，山神托夢給妳，賜給妳一塊風水寶地。賴太太妳剛才說有夢見麟兒，是不是你們過來住才生男丁。」

賴太太說：「對，搬過來才懷孕生第一個兒子，

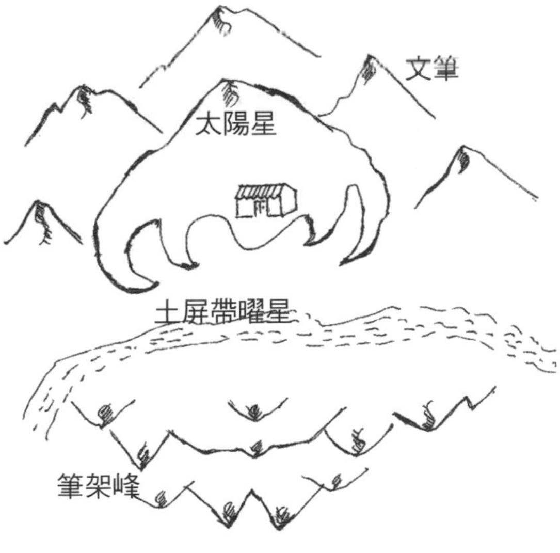

▲賴先生宅。

現在膝下有一男一女。」

林老師終於打開心結，原來有此緣分。

賴家陽宅坐東南向西北，此住宅以太陽金星做靠山。依照《易經》的解說，後面的靠山代表貴人，若秀氣，此地出生的子孫將來在社會上易受提拔。依照五行性解說，此宅後面由太陽金星做靠山，太陽金屬貴格，也就是將來所蔭的子孫以貴為主。

左右砂手平均，代表在事業或是人際公關與人互動良好人緣佳。前面案山，土屏帶珠來朝拜，前朱雀代表將來的子孫在事業的成就，若土屏戴金珠，在社會上便會受眾人擁戴，雄才大略，土屏帶印若從事政治方面，則達官顯耀，而案山有筆鋒架來朝拜，將來此地必蔭出文秀帶貴格。

賴家陽宅明堂寬廣，四周山形秀氣，又加上坐東南向西北，西北方在八卦代表乾卦，乾卦代表男主人，前面明堂寬廣，住此宅的人心胸開闊，難怪賴家夫妻心胸開朗，個性豪爽，有度量。

天色漸晚，賴先生夫妻請林老師師徒在此過夜，明日再去勘查祖塋。

半夜時，林老師忽然聽到山谷有人在吟詩，心裡感覺奇怪，看蔡之元睡得那麼甜蜜，只好自己一個人往傳來聲音的方向而去。

當時月白風清，林老師走出屋外，往傳來聲音的方向走去，可是一望四周無人。

正在納悶時，山谷又傳來吟詩聲，詩曰：「一水陷而橫直，則傾敗堪憂，亂流合而殺尖，則刑殺可畏。」這是一句山法風水的詩句。

林老師心想，莫非是山神指示我要幫賴家的子孫，助其將來在社會上成為棟梁之人？

想到此，他念動八卦神咒，忽然山谷顯出一霧，一條山龍慢慢隨霧消失。

一大早，師徒用餐後，跟隨賴先生夫妻來到賴家祖塋勘查風水。

林老師一勘查，心想不對，不合邏輯，論理上，有好的風水磁場的感應，才能引導好的陽宅，賴家的陰宅與陽宅不相稱。

賴先生見林老師有一點疑惑，便說：「此墓是我家祖塋。」

林老師對賴先生說：「你家的祖塋為何選擇此地形？」

賴先生回答：「父親在未過世前，對風水很重視，請地理師幫他尋龍點地，地理師說，此四水歸堂，前面聚水必是好龍穴。因此父親交代，

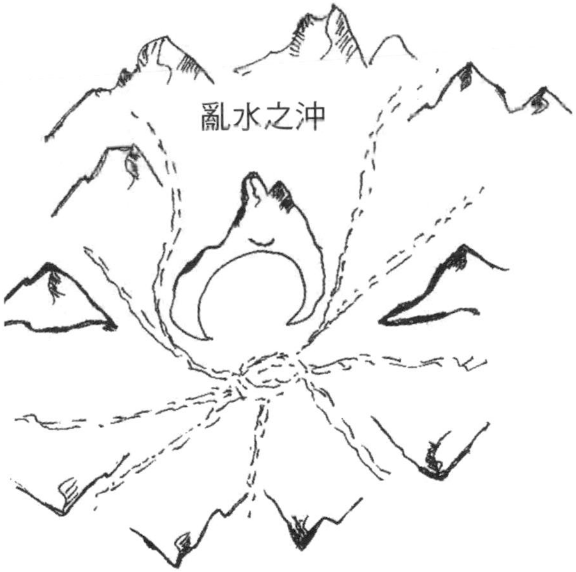

▲水沖有聲音，為煞。

將來過世後將祖塋與他埋在此地。」

林老師說：「此地依照山法家的解說，是亂水之沖陰宅最忌。」

為了讓賴先生更加瞭解風水的奧妙，他將此地的吉凶一一解說。

林老師說：「其一，你看被水沖的山形，是不是陷下見石骨？而水沖在左右的腰部，若是真龍穴左右的砂手自然肥滿順水而流。其二，水沖之處，是不是形成尖煞？若是真龍穴砂手必有情。其三，此地形四周被水沖，自然形成砂尖，以風水的角度來看，此地所蔭的子孫容易有傷害，並且錢財難守，容易破財。」

賴先生夫妻聽此言後，忽然大悟說：「自從將祖父母的骸骨遷移，跟父親埋在此地後，堂兄弟姊妹在生活上確實有大轉變，家運開始不順暢，甚至有一位堂兄意外死亡。」

賴先生問：「此風水會不會影響我兒子到城市讀書考試？」

林老師說：「此風水確實會有所影響，依照山法的解說，若是陰宅明堂四周有水聲而雜亂，此風水所蔭出的子孫在事業上會不順暢，凡事受到阻礙，身體方面主神經代表腦部，容易神經受損，也就是處事不穩定，疑神疑鬼。你家的陽宅確實不錯，是塊風水寶地，但你家的祖塋風水不好，以現在的狀況，你的兒子本性聰明，但逢太歲流年沖此陰宅，你的兒子讀書時好時壞。」

賴姓夫妻說：「兒子在城市讀書，有時名列前茅，有時成績忽然下降，讓他們很擔憂。夫妻二人請求林老師幫忙，找一塊風水寶地，保佑他們兒女的平安。」

其實，林老師在昨日半夜遇見山神後，心裡已有盤算，要幫助賴家化解風水的困擾。他對賴姓夫妻說，我們當初會認識就是有緣分，在你們夫妻爭吵的地方，上頭有一座山頭就是風水寶地。

夫妻聽後很高興，再三感謝。

林老師帶他們至此山，詳細解說此山的優點，以及如何造葬，交代之後，師徒便離開。

過了幾年，此地孕育出一位秀才，也就是賴家的子孫。

1. 山勢的五行

風水山形巒頭變化無窮，包含金、木、水、火、土的五行形狀變為九星，各有論斷不同的含意，吉凶也有差別。

五行性火星本身的質石頭較多，及木星本質石骨較多，山法家稱石骨帶貴格，若是靠山以火星、木星為主，代表此地將來所孕育的以貴格為主，若是火星、木星不秀氣，反而所蔭出的子孫處事較急躁，容易偏激。

以五行性，土星、金星山，法家解說土星與金星本身的質土質較多，以富格為主，因為土質能生萬物的生存，所以「實為貴土為富」，若是土中帶石，稱為富中帶貴格，一樣的理論，若是來龍靠山，五行性必須秀氣，若是不秀氣有破碎山體不整齊，必會影響將來子孫的成就。

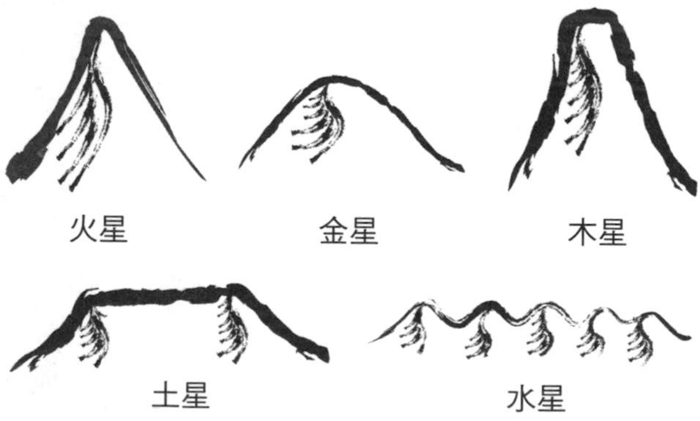

▲山勢的五行。

2. 化煞

古代風水將「氣」分為「生氣」和「煞氣」。凡是對居住者的身心有益的稱為「生氣」，有不良影響因素的稱為「煞氣」。煞氣主要分為：形煞、味煞、光煞、聲煞、理煞、色煞、磁煞等七大類。

「煞氣」來自氣場。當氣場保持平衡的時候，吉凶相對穩定；當氣流改變，宅運就會受到不同程度的影響。能夠影響氣場改變的有兩種動力：一是「星曜」動力，例如飛星吉凶；另一種是「暗」動力，例如風水法器、身體上的衰氣邪氣等。

如遇煞氣，風水學主張用遮、擋、化、鬥、避等方法對付。

3. 活龍蔭出好風水（毛澤東祖塋的風水格局分析）

依照山法家的解說，入水口必識龍體的活躍，也就是說，此山體跌伏多屈曲有力，且龍身粗帶石骨而壯若化氣必成大格局

西元一九九〇年，我帶學員至湖南省韶山鄉，考證中國一代偉人毛澤東先生的祖塋及祖宅風水，發現確實是難得一見的風水寶地。此山形由火星山群化氣，如山法家解說，此龍體跌伏起伏其斷多，由火星剝換為貪狼木星下脈至穴場。

為了讓學員瞭解來龍與龍體的力量，我一路帶學員追蹤來龍去脈，在來龍父母星發現有天池，也就是有水池。聽當地的農民說，此水池四季不枯，我對學員說，此龍體是活龍。

學員問，何為活龍？

依照山法家的解說，一個山體若在來龍上聚水池，稱為天池的功能，也就是代表此山體地質上有水氣，有水氣代表地質能儲蓄水源，使山體的水分能蔭萬物，散熱調候。此地樹木花草茂盛，山法家稱為活龍穴。

若是此山體缺少水分萬物難生存，也就是石骨多無聚水，雖然只有天空下一點雨水有一點濕度，若平常的節氣較乾燥，便會影響此地的萬物及草木的茂盛。其實說風水的含意，也就是有陰有陽，陰者必有水分，陽者就是有熱度，而互相交叉產生氣，才能使此地冬暖夏涼，也就是地理師所追求的龍穴磁場。

一路追蹤來龍去脈，我對學員說一個穴場的力量有多大，就是要先識其祖山及父母山體的跌伏、屈曲轉折，以此來判斷此龍的力量有多大。其中一位學員說，要不要去追祖宗山，我對學員說沒有必要。以前交通不方便，是不可能去追祖宗山的，例如一條龍體經過千里剝換來結穴，難道你要從千里追蹤嗎？這在古時的交通，是不可能的。另一個學員說，現代已有可能，有空照圖，交通方便，可將現代化的圖面套進去。

其實，從父母星山體所下脈力量無比。在一路帶學員追蹤到穴場後，

▲山角火星 。

我對學員說，依照山法家的解說，毛澤東祖塋的造法值得我們借鑑，來龍氣急造葬不可太深，氣浮必急來緩受，當初會點此地的老師父，確實留下好手筆，值得我們研究。

我對學員說，此穴如一隻老虎在此歇腳。當地的一位農民說，當地的人稱為虎歇坪，確實從案山一望如一隻雄壯威武的老虎，在此歇息。

一九九〇年我帶學員考證所留念的照片，經過二年後再次帶學員考證此墓，發現已成為韶山的觀光景點，有很多人來朝山並祭拜。

毛澤東的祖塋坐辛山乙向，也就是坐西向東，其墓坐內外分金，其來龍由火星剎換，幹脊轉換貪狼木星下脈，四周石骨較多。在山法家的解說，石為貴氣，其氣太急必會傷六親。一位學員問我為何會傷六親，另一位學員說，是不是分金有差錯，我對學員說，其實跟坐向無關，不能以理氣來論述，若可以應用理氣的話，那就很簡單，將分金坐向移一下就能化解了，那就不論巒頭山法。

▲毛澤東祖塋。

我們不妨多去瞭解一些大格局的人物與他們的六親。

以前我的老師常常說，貴中必帶煞，我心想不見得，一塊好的風水必會蔭出富貴，好的磁場必會蔭出優秀子孫，但身體健康才合乎邏輯。

在我這幾十年跑遍中國大江南北，以及臺灣各山頭後才深深體會，大自然的氣變化無窮。比如毛澤東的祖塋是天下第一風水寶地，也蔭出一位中國的偉人，其六親是不是有傷到，當然你會認為這與當初的環境和時空有關係。

我們來探討古時代的一些偉人，比如包青天他小時候是嫂子養大，明朝的朱元璋是不是得到天下六親有傷？又如近代鄧小平的祖塋蔭出一代偉人鄧小平的兒子也有傷，蔣介石先生也是有傷六親，臺灣的李登輝也是有傷六親，諸如此類的案例可以說是不勝枚舉，所以說貴中必帶煞。我認為若遇到大格局的地，絕對不可貪戀，因為天地之間自有安排。

在八字學的理論中，若偏氣太專，其人雖有成就必會孤，一樣的道理，山頭的氣旺盛，才能造就一塊大地，也就是石骨

▲風水不好的格局。

之氣。雖然此為大貴氣，但專氣必有傷，若是石中帶土為貴，土本身能化煞氣，各位學員有空不妨多去瞭解一些大格局的人物與他們的六親。

話說從毛澤東祖塋的案山一望，如一隻雄壯威武的老虎在歇腳（虎歇坪），而前面案山與朝山遠，依照風水的理論，此地蔭出的子孫，往外發展必有成就。

我對學員說，若是祖塋有離鄉背井逢貴人之象，理論上其祖宅也必有其現象，因其兩者會相應，帶學員至毛澤東祖宅考證，結果印證了陰宅與陽宅磁場會相互感應。

毛澤東祖宅的山形恰巧在左邊有山上的水流下，至祖宅的前面，最主要是砂手反跳，依照山法家陽宅解說，若在此地造房屋，所蔭出的子孫將來離鄉背井出外逢貴人。

毛澤東祖宅坐南向北，太陰金坐靠山，左邊東北方山上水流至明堂聚水。陽宅解說，宅後有太陰星坐靠山，代表此住宅所出生的子孫是文秀帶貴格，青龍邊反跳，子孫出外逢貴人，也就是說離鄉背井。前面的明堂有水池，此水池有催官的功能，水聚在明堂，《易經》解水的功能，最主要是散熱及調候，水為智慧，若水清水靜者，代表此住宅的子孫在文秀方面超群絕倫，加上朝山帶火星又帶鼓來朝拜，子孫出外必能雄才大略。

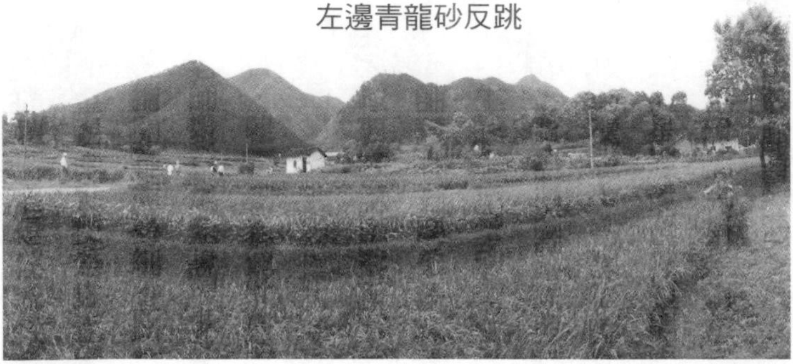
左邊青龍砂反跳

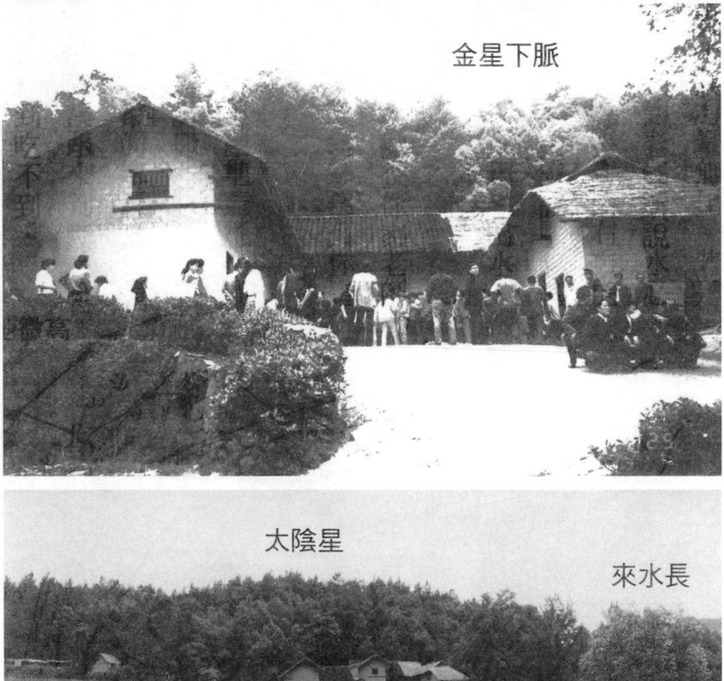
金星下脈

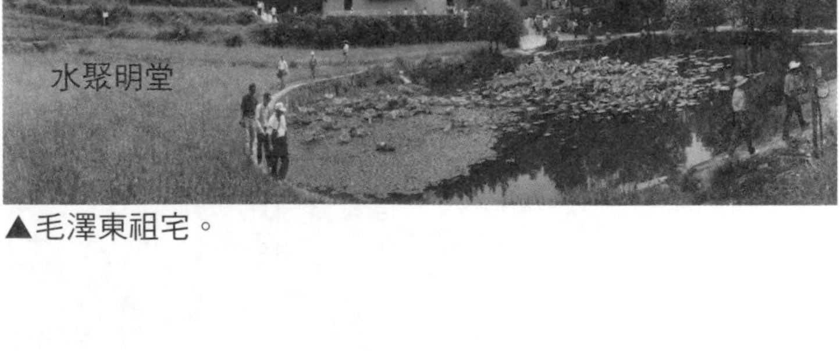
太陰星
來水長
水聚明堂

▲毛澤東祖宅。

十三、客棧收徒——風水砂法之官、鬼、禽、曜

師徒離開賴家後，一路繼續往北而行。

蔡之元對老師說：「上次所勘查的是左邊來水，又來穴，將此穴賜給賴家，也是功德一件。」

林老師問：「你會不會覺得很奇怪，我為什麼那麼關心賴家的風水？」

蔡之元說：「對呀！我現在才想起來，發現老師這一次對賴家特別關照。」

林老師將昨日深夜遇見山龍的事詳細解說。

二人一路上沿溪水而行，忽見有一座山頭轉彎，有了上次的經驗，蔡之元說：「老師，此水由右邊隨溪水而流，是不是右水流穴在左邊？」

林老師點頭，師徒加快腳步前去勘查此龍穴。

▲溪水右流，穴在左邊。

師徒二人隨溪水往山上追，發現此龍穴確實是右邊的白虎較長，左邊的青龍較短。山法稱為溪水右流，穴在左邊。古時的地理師認為，莫龍伏而虎高，寧龍高而虎伏，看來這龍穴的格局有問題。

當師徒正要走往穴場欣賞此龍時，忽見在穴場不遠處有二男二女在一座墓邊爭論。

師徒很好奇，側耳詳聽，其中一位女性說：「當初母親與父親埋在此地，兄弟都贊成，現在你們說此風水有大小房之差別，若要遷移我絕對反對。」

究竟發生了什麼事情？師徒好奇聆聽下去。

一位男性說：「當初邀請地理師來勘查此地時，地理師說：『此風水將來兒媳較能幹，兒子會被兒媳欺負。』你們說無妨。」

另一位男性說，這不是地理師所言，應該是嫁出去的女兒較能出頭天。另一位女性看來是一位大姊，她說不能靠風水致富，要靠自己努力。

原來這群六親，為了風水的房份富貴有差別在爭論。

這時，林老師的心又開始動了，身為地理達人，他有義務讓世人多瞭解風水的功能及奧妙。

師徒走過來跟這一群人打招呼，其中有一位看見蔡之元手拿羅盤在量此地，就問師徒說你們是不是地理師？蔡之元說是從事這個行業，這一位是我的老師，我們從唐山來的。

這些人一聽是從唐山來的地理師，都有一點驚訝。

林老師心裡已知，他們想瞭解父母的風水。

份有差別。」

於是，林老師說：「對不起，剛才無意中聽到你們講話時有一些爭論，其實這是一塊風水寶地，今天你們為了房份富貴有差別在爭論，是因為你家墳墓沒有點到真龍穴，又偏於穴場，所以造成房份有差別。」

這一家族姓謝，為了讓謝家人瞭解風水，林老師對蔡之元說：「你拿羅盤去量謝家墳墓的坐向。」蔡之元說：「謝家祖塋坐西向東。」

林老師對謝家人說：「依照此山形，右邊白虎砂較長，而左邊的龍砂較短，其實跟砂手無關係，不分男女。最主要的因素，是你家的墓在八分脈的稜線，偏於穴場，而產生左邊來水先看到，水順地形而走，前面的明堂左邊在東北方，八卦屬於少男，也就是不論房份，包含姊妹兄弟的小孩，最小的兒子個性較活潑，喜歡往外跑，而且花樣多，處事不穩定。」

謝家人聽後十分嘆服。謝家的大姐說：「老師你斷得很準，確實有此現象，我請問你嫁出去的女兒也跟風水有所感應嗎？」

林老師問：「那這一位女性是妳妹妹嗎？」大姐說：「是的。」

林老師說：「難得你們兄弟開明，以前嫁出去的女兒不能到墓前，而在論房份時又排斥女兒。」

其實，風水只論血緣與六親的關係，包含姊妹之兒女。林老師對謝家人說：「此風水所影響的，包含著姊妹或是兄弟的下一代最小的兒子。若沒有錯的話，最小的兒子個性太活潑，在外經商賠了錢也犯了官司，而大姐的經濟不錯，所以認為風水蔭女兒，加上地理師說，此風水蔭女性，家中的兒媳又較強勢，所以今天謝家人相聚來討論風水。」

林老師說：「很可惜，本來是一塊風水寶地，你們謝家沒有點到正龍穴。」

為了要讓謝家人心服口服，林老師請謝家人站在正龍穴，說：「你們看左右青龍與白虎均為平均，右邊白虎邊有一條溪水繞過明堂。」此時謝家人才恍悟大悟，真的常聽說，差一脈富貴有差別。

謝家人請求林老師幫他們點地。

林老師盡心指點，交代完後師徒繼續尋龍。

繞過另一座山頭，忽然山頭開闊，林老師對蔡之元說：「此山形四周有帶禽、帶曜、帶鬼，詳細勘查必有大地。」此時忽見祖宗山流下一條彎曲的溪水，其水勢平順而下，師徒加緊腳步順溪水尋龍穴。林老師一路順溪水從走，又回頭看祖宗山，此山情在招手，便對蔡之元說：「你看祖宗山是不是面向我們在招手？原來祖宗山情面順溪水成為逆水

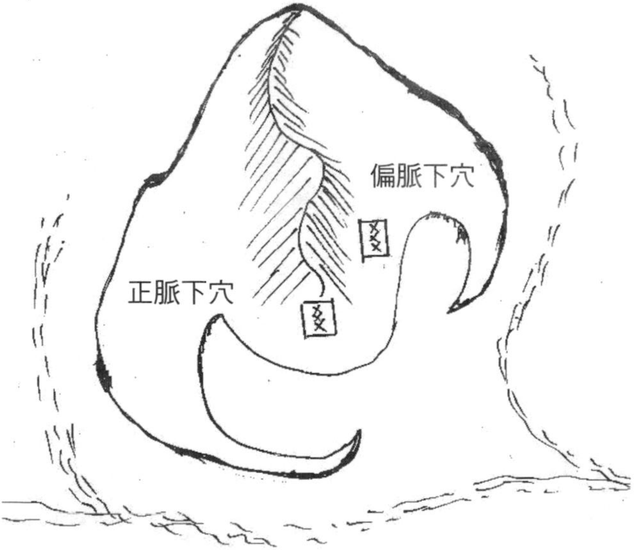

▲分金差一寸，富貴有差別。

局。林老師說順著溪水，絕對有一塊風水寶地。」

師徒一路回頭看，感覺坐滿朝空。

這時，蔡之元有疑問：「老師不是常說一個好風水之地，必須具備案山近或是有朝山來朝拜，為何今日要回頭看？」林老師回答：「山形變化無窮，若大龍體氣盛而不能止，也就是說枝龍體強而轉彎，在起頂星度回頭逆水局，山法家稱為迴龍顧祖穴，也就是回頭望祖宗山，但是有條件，因為回頭轉穴變成坐空朝滿，也就是說後面是坐空。」

蔡之元問：「回頭看後面坐空是犯空煞嗎？」

林老師說：「此穴之奧妙，必須先有拖鬼來支撐，若無官鬼來支撐必是假穴。在山法家的記載，貴必三公之地，富貴在眼前，也就是說祖宗山所流下來的水流，至明堂稱為逆水局。在風水學有一句名言，坐巽山乾向，水流乾富貴在眼前，也就是迴龍顧祖穴貴無比，官拜三公之地。很多人誤解，以

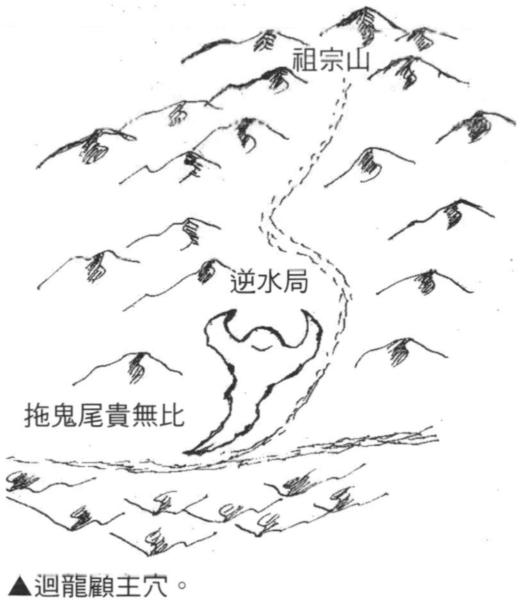

▲迴龍顧主穴。

為坐向回頭看祖山，就稱為迴龍顧祖穴。」

二人離開迴龍顧祖穴，一路往山下而行。

林老師對蔡之元說：「平陽龍高一吋為山低一吋為水，也就是說平陽龍的起突微伏，稍微失察便錯失良機。時師曰，平陽之墓，十墓九平，一門發，也就是平陽龍穴難捉摸。」

師徒從大巒下山，居高觀察平陽龍，忽見一條溪水往南順流。林老師對蔡之元說：「此溪水的流向代表平陽龍的源頭，而此溪水屈曲彎轉之處，必會成大地。」

依照山法家的解說，溪水屈曲彎轉流至平龍岡，在水彎曲之處若見吐唇，或是在水交叉之處成為吐唇，必會結地，若無氈唇不成器，有氈唇才有微砂來護穴。

師徒看此溪水活躍彎曲有力，一路沿著溪水追蹤龍穴，忽見一條溪水與另一條溪水交叉。

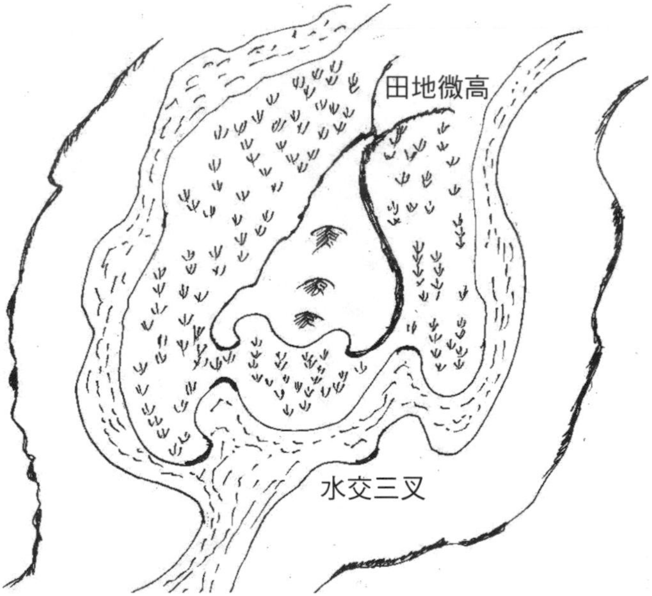

▲平陽龍穴示意圖。

林老師對蔡之元說：「此龍穴在眼前。」蔡之元摸不到竅門，只說老師剛才有解說，教我要謹記，水交三叉地有龍穴，可是我只看到此地兩條溪水相交。

林老師說：「你仔細勘查，右邊彎曲之處是不是較凸出，左邊青龍邊彎曲之處也較凸出來。這時蔡之元已經看出端倪，說左右砂手明顯露出來，師徒鑑定彎曲之處後，步溪過岸勘查龍穴。

林老師叫蔡之元趴下來勘查，蔡之元趴下勘查忽然大悟的說：「老師，平陽龍在平地是不是要趴下來看？」林老師說：「確實，山龍與平陽龍的視覺有一點不同，若是山龍以坐、立、臥為體，坐山如一個人坐在椅子上，左邊有扶手，右邊有扶手。如山體左青龍右白虎稱為坐，立之穴，立是身聳，也就是氣較浮，穴在高不在低，稱為天穴。若是眠穴，眠是身仰，就是氣下墜，也就是平龍穴。所以，要觀察平陽龍，站立勘查與趴下勘查，會有不同的境界。這時蔡之元才知道，老師要他趴下來勘查此龍才能悟出訣竅。」

師徒勘查此平陽岡，欣賞此龍穴的優點。

林老師說此龍最大的優點，是能在一夜之間致富，也就是磁場的感應特別快速。師徒欣賞此龍穴，在龍穴做一個記號，一路沿溪水繼續尋龍。

這時也接近黃昏時刻，先到鎮上找一間客棧歇腳。

師徒一路上都是在山上追尋龍穴，所到之處全是荒山野嶺，從沒有好好享受一下。來到客棧，師徒二人便一邊用餐，一邊在泡茶，讓心情完全放鬆。

忽聽見旁桌有兩位人士在喝茶聊天，其中一位說：「你相信風水能讓人的命運大有轉變嗎？」

師徒一聽跟風水有關，一時好奇便側耳詳聽。

另一位說：「我還是半信半疑，萬事要靠自己努力，單憑風水就能將一個人的命運改變，這種事我絕不相信。若一個人不務正業，只靠風水就能蔭富貴，那簡直是太不公平了。」

這兩個人是當地有名望的人士，一位姓陳，一位姓李，家境不錯。

依照風水的理論，一個人若要得到天地之間所賜的好磁場，而帶動改變他的運勢，則需要嚴格規範自己。下面這些人是得不到長久富貴的，依照師言訓曰，其一，行為不正，行騙、使詐、騙財騙色，詐斂不義之財之人。其二、愛出風頭，揚名吹捧自己，也就是為名聲不擇手段之人。其三，邪淫、傷天害理，沒有慈悲心之人。其四，對父母不孝，對兄弟無情之人。

林老師聽此言，心裡有數，身為地理達人，有必要讓世人多瞭解風水的奧妙。於是，師徒就走過去，跟兩位打招呼。

其中一位姓李的說：「兩位看起來不是本地人。」

林老師為了讓這兩位瞭解五術的奧妙，一聽李先生詢問，就對他說：「你很好命，家中有一位賢慧的太太，而母親在家掌握權力。」

旁邊的陳先生聽了有一點驚訝的說：「你們是出外人，怎麼知道他人家中的事情？」

李先生也愣一下，打量師徒二人：「問先生，你懂五術嗎？」

這時蔡之元說：「這一位是我的老師，我們是出外人，從唐山來臺灣勘查臺灣的龍體。」

兩位一聽是從唐山來的地理師，非常驚喜。

李先生問：「老師你怎麼知道我家的情況？」

林老師說：「寫在你的臉上，接著問，陳先生你幾個兒女？」

陳先生說：「二男二女。」

林老師對陳先生說：「若沒有錯的話，你家最小的兒子個性較活潑，而大兒子個性較穩定。」

二人一聽便說：「老師你很神，是不是會通靈，竟然從面貌可以斷出子女的個性。」

林老師為了要讓世人瞭解《易經》五術的奧妙，對二人說：「其實是應用觀相學的理論，李先生屬於心性質兼筋骨質，額頭高天倉飽滿，眼睛柔，鼻子挺，顴骨反，下巴微削聲音柔，化象代表家中的女性較能幹，眼柔聲柔，處事較無主張。陳先生屬於營養質兼筋骨質，額頭低天倉飽滿，眉目清秀眼睛定神，鼻子豐滿，嘴巴大下巴飽滿，聲音粗，其人個性較好爽，論相大兒子個性穩重，處事按部就班，小兒子依賴性重，但較活潑，在外人脈多人緣佳。」

李陳兩位聽了，佩服得五體投地，懇求林老師收他們為弟子。林老師看此二人的五官端正，是正派人士，又見二人誠心懇求，便暫時收他們為寄名弟子。

林老師說：「依照山法家的解說，李先生你家的風水，也就是祖塋應該是在高山上，四周圍火星帶金星體。」

李先生說：「對，祖塋在高山，如老師所說的有三角的星體，在圓的山頭下安葬祖塋。」

林老師又說：「陳先生你家的祖塋，應該在平陽龍上，有一個金墩，而且明堂有水。」

陳先生說：「是的。」

林老師說：「陳弟子你不妨帶我去勘查你家的祖塋。他要驗證山形與環境，如何改變一個人的面貌、因果及運勢。」

隔日，陳李二人帶師徒至陳家祖塋勘查。

林老師對蔡之元說：「昨日我告訴你，若是溪水有環抱，尋龍必細查，依照山法家的解說，平陽龍最重視水，便是以也就是一條溪水來判斷此龍穴的好壞。若是溪水太急，看得到吃不到，也就是太急必會影響此地的地質，因水急，此溪水的左右地勢岩石較多，若是溪水較順暢緩流，

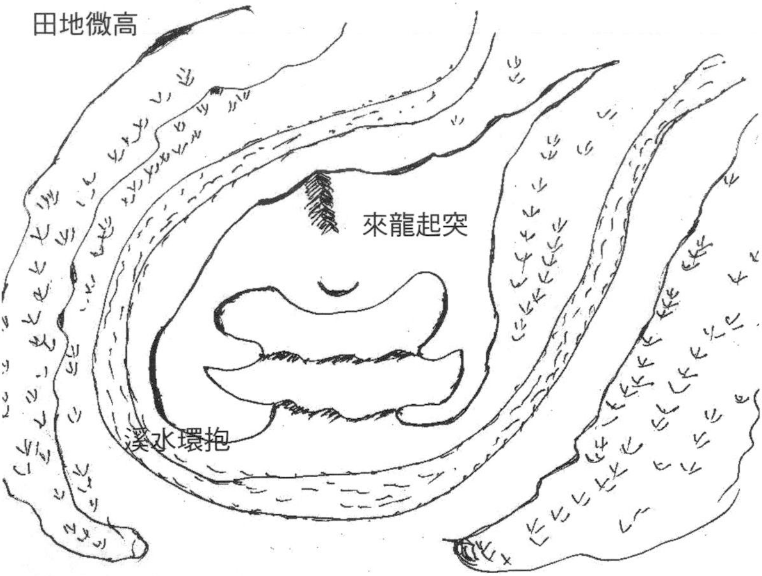

▲平陽一突值千金。

則穴在近不在遠。」

林老師解說後，對陳家弟子說：「此墓風水是財中帶貴格，因左青龍右白虎兩邊平均，代表房份平均。其最大的優點，是平陽一突值千金，此風水以財為主，其實來龍起突，而土質較硬，才能拖鬼尾。若是土質太鬆，早就被水沖散，因此此墓的土質中帶石為貴，此地所蔭的子孫必有貴格。」

陳先生問：「何為貴格？」

林老師說：「如秀才或是舉人，當官者都可以論貴。」

陳先生說：「是有一位堂兄在城市縣衙當師爺，另一位考上秀才。」

這時，林老師對李先生說：「當初你們在客棧聊天，你說對風水半信半疑，也就是這句話，才有了我們這段師徒之緣。今日我將風水的奧妙加以解說，讓你們兩位能多瞭解，天地之間，地理是受制於大自然的規律，地形自然的形態有其奧妙之處。」

一群人哈哈大笑。

1.官、鬼、禽、曜

官鬼禽曜是指官星、鬼星、禽星、曜砂的通稱，乃是穴星四周發出的餘脈之山。

官星，指朝山背後逆拖的小山。風水家認為，官星是真穴餘氣所結，有無官星，是結穴聚氣與否的重要佐證。

鬼星，指生於主山背後的拖撐之山，不宜太高，高了會奪穴中旺氣。

禽星，水口砂的一種，指水口中突起的大石。水口間，溪河中有此奇異之石，必結大貴之地。

曜星，指穴場周圍眾砂上所生的尖利巨石。曜星生來多尖射，或生本身或外陽，去穴相近發福早，去穴彌遠年久長。不怕刀槍及錐鑽，飛動如旗任飄揚，但要穴中會收拾，肯為我用不我傷，若還不肯為我用，此名飛煞不可當。

四者中，無官則不貴，無鬼則不富，無禽則不榮，無曜則不久。

2.金星拖鬼坐靠山（鄧小平祖宅風水格局分析）

西元一九九〇年，我帶學員至四川省廣安縣鄧小平家鄉的祖宅祖塋考證風水地理。到了鄧小平家鄉祖宅，發現是一個起碼百年以上木造房屋的三合院。這是一大戶人家的住宅。我常對學員說，在考證風水時，一定要有一種觀念，先以風水為主，然後不論陰宅或是陽宅，先看它的造型，若是陰宅很莊嚴輝煌，代表當初的子孫經濟上不錯，若陽宅是豪宅，必是當時的經濟富豪。

以鄧小平的祖宅而論，是一個木造的三合院建築，以當時的時空背景來看，必是一大戶人家。

鄧小平祖宅坐東向西，剛好與鄧小平的祖墳坐西向東坐向相反。我當時心想，必有高人指點，據說鄧小平的祖先對堪輿方面很重視，略有研究。

其住宅最值得堪輿界到此地研究印證，此三合院可說是大地之間的造化，其住宅的靠山，是難得一見的拖鬼尾來支撐。

此住宅坐東向西，左邊青龍邊平陽砂手來護穴，右邊田地化砂手來護穴，也就是說左右有田地，層層來護。前面明堂的案山，平陽岡起曜星來朝拜。其宅最大的功能是後面起一墩金星拖鬼尾來支撐，依照山法家的解說，陰宅或陽宅後面的靠山，若有官、鬼、曜星，來支撐，此地貴無比，也就是將來此地所蔭出的子孫貴無比。

鄧小平的祖塋由倒地木化氣做靠山，石骨化氣，在穴場化唇四周石骨多，山法家稱為亂石之中土為貴。前面明堂千軍萬馬來朝拜，明堂開闊，代表此地所蔭出的子孫，心胸開闊。其陽宅的案山，前面梯田層層至高來朝拜，明堂寬廣，也印證此地蔭出的子孫，心胸較開朗，同時印證鄧小平在領導中國，處理事務較理智，較有度量，受到眾人的擁戴及尊重。好的磁場感應，不論在陰宅或是陽宅都是相互的。

剛才有提過，鄧小平祖宅最值得探討，不論是左青龍、右白虎、前朱雀，四周圍都是田地，層層至穴場，化為砂手來護穴，山法家稱為微芒砂來護穴最為珍貴。

▲鄧小平祖宅側景。

十四、師徒四人尋龍——總論風水地理格局

林老師在鎮上住了一陣子，一面尋找四周的龍穴，一面順便傳授山法地理巒頭，教導兩位徒弟。

某日，師徒四人尋龍點地，遇見一條溪水。見水勢湍急，林老師對弟子們說：「此山形所結之穴必是假穴，若在此山頭造墳有傷必敗。」

師徒四人趕緊往山坡地的山頭，探此龍穴的山形，發現如老師所言，吐出一塊地，但是凹凸不平坦。

林老師說：「你們要詳細勘查，是不是山形破碎，上頭的水流下來？此山形遇大雨時急水流下，山法家稱為淋頭水。」

蔡之元問：「若此地蓋一間陽宅，對風水有何影響？」

林老師說：「此地不論是陰宅或是陽宅，必會影響風水，若是一間住宅的後面靠山淋頭水，住宅的人在身體方面，必有暗傷，也就是有病檢查不出來。家中的人較容易有濕疹或皮膚病，並主神經錯亂。住宅的後面靠

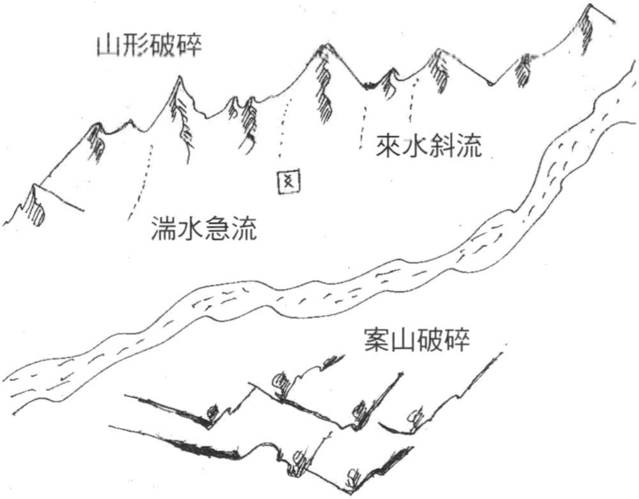

▲案山破碎。

山，代表貴人，若是秀氣，容易受提拔，若是淋頭水的山形做靠山，容易犯小人。

此地形案山，前面一條溪水急流又斜走，對陽宅最忌諱。依照山法陽宅解說，住宅的前面案山，代表事業與人際公關的互動，若是案山破碎，在外容易犯小人，事業上交友不慎，容易受蠱惑被拖累，嚴重則犯官司。若此地蓋一間住宅，錢財留不住，且錢財賺不到又很辛苦。在陽宅的理論上，水為財，若是陽宅前面有溪水過明堂，且水靜流則能聚財，若是斜走財難聚，一生為錢財煩惱，因水斜走又急錢財難守。」

徒弟們一聽林老師解說後大悟，說：「讀書雖多，義理雖熟，必多行山，多觀山格，才能悟出竅門。」

陳姓弟子問：「老師，若是在此地造一座墳墓，是不是會影響全族的前途，及將來的成就？」

蔡之元跟隨老師多年，懂一些山法，便對兩位師弟說：「若是造墓那更糟糕，陽宅影響一家人，陰宅影響

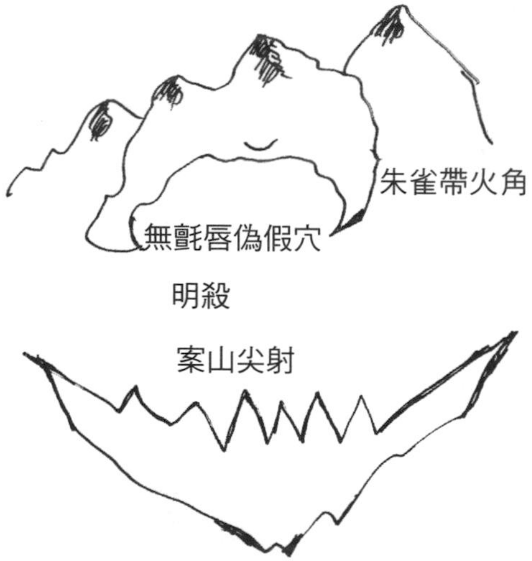

▲風水不好的格局。

全族人，將來會事業不順，犯官司。」

林老師聽了他的分析後，補充說：「若是陰宅的話更嚴重，此地所蔭出的子孫，容易有意外傷亡，並且難管教，不務正業，也容易惹是非，也就是不受教，淪為地痞流氓之類。」

師徒一行人勘查完淋頭水，繼續往其他的山形追蹤龍身，轉一個彎一條溪水夾在兩山之間。

林老師說：「此龍必須詳查，稍有差錯，陷人家大小不安寧並損丁，因為此溪水左右所夾的石骨特別尖銳。」

忽見山頭有一座墓，林老師嘆口氣說：「缺德，庸師不知此地絕後代，竟然在此點穴，罪過。」

蔡之元跟隨老師多年，很少見老師如此生氣，心想此地一定很糟糕，於是問老師：「此地為何讓老師嘆氣？」

林老師說：「地理有三煞勿遷徙，其一，龍體帶煞，也就是龍身破碎不整齊。其二，砂手帶煞，也就是說砂手尖射，射入穴場。其三，水帶煞，一種是水沖穴場，另一種是水沖明堂，若是水沖明堂，最忌帶尖銳沖，絕人丁。前面的案山看起來山頭還有一點秀氣，庸師不知案山尖射損人丁，不論坐向以凶煞為論。」

接著，師徒一路繼續追龍形，林老師對徒弟們說：「此龍穴應該還有凶煞之地，因為今日所追的龍體，屬於背龍之體。」

李姓弟子問：「老師，那此龍要如何才能追到真龍穴？」

林老師說：「此背龍必要翻身，在跌伏起頂，化為面才會結大地。也就是一條龍體分為背與面，背龍石骨多枝腳多，尖射也多，容易被誤導為真龍穴，必須在開面起頂。山法解說，龍不起頂非真龍，也就是跌伏後開面秀氣為真龍，若是無開面，此龍還在奔跑未停。」

林老師對蔡之元說：「此山頭未開面，其靠山由石骨化為火星體帶尖射，尋龍必詳察，不要以為是後面有火星做靠山。你帶兩位師弟去勘查後面的來龍，會發現此龍形的奧妙，為師在此地等你們。」

不久，蔡之元帶兩位師弟勘查後回來。

林老師問：「是否發現有什麼不一樣？」蔡之元答：「此龍穴是假穴。」

林老師問他為何，蔡之元說：「此來龍確實出很多尖腳，最明顯的是有水路沖，若是真龍穴必須有幹脊，此龍幹脊很深，看來來是稜線，但無八分脈無法起頂。」

林老師對蔡之元說：「你隨我學習多年，大有進展，此龍體確實不尊不雅，難起頂。你再詳細看老師所在的位置，是不是無氈唇？蔡之元說確實無氈唇，龍無吐唇不成局。」

林老師對徒弟們說：「此格局玄武帶火星枝腳尖射，依照山法家的解說，若是來龍的靠山有尖射必傷子孫，若有急性疾病，就是中風或是心肌梗塞，或是疾病無法得知是何病況，山法家稱為暗殺。」

解釋完之後，師徒四人繼續尋龍……

1. 山形破碎有尖煞的實例

台中有一位黃先生，經學員介紹後到工作室找我，我看他氣色不佳，心想他必是受嚴重的打擊。

黃先生說：「是經由學員推薦，今天要問家中的祖塋風水。」

我對他說：「看你的氣色不佳，必定是與風水有關。」

黃先生說：「老師，是不是學員已經告知我家中的情況。」

我對他說：「學員只有說他推薦一位朋友要請教家中的風水問題，沒有詳細說明。」

其實，我察言觀相，發現黃先生天倉的福德宮，眼睛下的淚堂氣色不佳，依照觀相學的理論，福德代表祖先的風水問題，淚堂代表子女的問題。

黃先生說：「確實，我家出了一些狀況，請問若是家中的人有意外傷害，這與祖塋有關嗎？」

我對他說：「依照山法的解說，一個人若是有意外傷害，依陽宅與陰宅而論，陰宅的吉凶感應較明顯，也就是陰宅的吉凶所占的比率較高。他說他的姪女車禍死亡，過了三年後他家的最小的兒子也意外死亡。經學員說是跟祖宅有關，所以今天邀請老師幫忙，到台中勘查祖塋風水，看到底問題出在哪裡？」

隔日，約在台中山下會面。黃先生帶著我到他家的祖塋勘查，發現前面的案山朱雀帶尖銳。

我對黃先生說：「此地不是好風水，依照山法的理論，朱雀帶尖煞，此地蔭出的子孫出外容易有傷害，又加上坐西向東，前面案山若逢太歲沖，亦有車禍見血光之災。山形破碎有尖煞，就先論形態的吉凶，我建議黃先生，趕快將祖塋遷移為宜。」

2.莫泥龜穴出文秀（馬英九祖塋風水格局分析）

西元一九九一年，我帶學員至湖南省茶恩寺鄉雙陽村的馬家堰，也就是馬英九的祖塋考證風水。馬英九的祖塋在田野中，浮出一塊地，很明顯的凸出，四周是水田地。我對學員說，在水田之地有凸出的穴場，其地必須比四周的田地硬而乾燥，也就是此穴長的土質較硬，若是與四周的土質一樣，此龍穴不是真龍穴。

平地一凸值千金，這句話是在風水學常聽到的名詞，也就是在一片田地，有一個小山丘，四周是

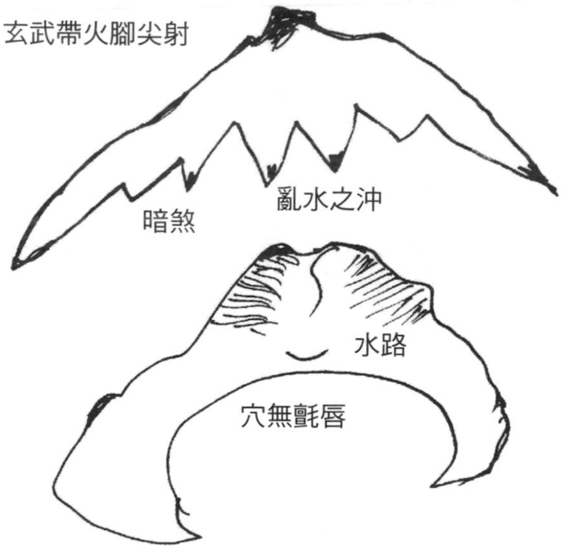

▲黃先生祖塋。

田地，特別是稻田，其水分多濕氣重。若一座丘陵的地質，與四周的地質完全不同，那麼此穴下面必存有一股氣流，冬暖夏涼，山法家稱為龍穴。

到了馬家祖塋，附近的農民看見一群人來到馬家的祖塋勘查風水，其中一位農民問我們從哪裡來。我對他說來自臺灣，農民說是不是馬家的後代請你們來勘查風水，我對他笑笑，也不方便告訴他太多。

當初要來馬家祖塋時，曾向馬鶴凌先生告知，問他祖塋之地，他說在茶恩寺雙陽村，若是要去勘查馬家的祖塋他很歡迎。

當我們一群人到湖南的雙陽村，有一位馬家的親戚來與我們會面，帶至馬家的祖塋後離開。我心想，此人一定是不方便在此地久留。一群人在墳墓勘查時，一位農民解說此地的風水來源，他說站在此地觀四周，看到的都是以前馬家的土地。

馬英九的祖先是當地的大戶人家，其祖輩在當地是有名望的大家族。據說其祖當時是蔣介石的財政重要親信的幹部。在臺灣我們都知道馬鶴凌先生，是國民黨的一位高級黨員。我對學員

▲馬英九祖塋——莫泥龜穴。

說，一位人物及下一代將來的成就，必會與祖塋的風水所有感應，與所帶來的磁場互補。

當時，馬先生在蔣經國身邊擔任英文秘書，之後提拔為法務部長。臺灣有很多人看好他，認為他是國民黨未來的接班人。馬英九先生給人的感覺，是一位文秀之才。還未到穴場前，我對學員說，我們都知道馬英九是一位文秀之才，這必會與他家祖塋四周的環境有所感應，一定要詳細勘查。

何為莫泥龜穴？就是後面有一座山頭，如金星體，乘龍化氣的氣脈，往下沉入田地中忽然再起一個墩，也就是一座小丘陵。後面的靠

明堂四周荷花池

▲馬英九祖塋，昔時景況。

山，如一座金星的體，也就是如一隻烏龜的殼，而龍脈往下沉再起頂化氣，一墩小山坡之地，也就是龜頭之地。此龍穴四周有水池，稱為活龜穴，若是無水池此龜穴力量有限，有水池聚在四周圍，山法家稱為莫泥龜穴。

一個磁場的龍穴，如何影響此地所蔭出的子孫的富貴？依照山法家的解說，四周圍的環境是最重要的因素，左邊青龍邊的山形，及右邊白虎邊的山形，高低或一土一石都牽連下一代的成就及富貴，後面的靠山及前面的明堂都有關聯。

馬家的祖塋，左右邊的砂手是土中帶石的山形，砂手代表下一代的成就，如砂手的山形土質較多，將來的子孫以文秀為主，若是砂手石骨比較多，代表將來的子孫以武貴為主。

馬家祖塋前面的案山以及四周圍都是荷花池，四周的水氣濕度重，但在墓地的土質乾燥，也就是此地有一股氣流，能將四周的濕度吸收化解。我對學員說，你們摸此墓碑以及四周的磚牆，是不是很乾燥？學員說確實。我對學員說，此地龍穴也就是地下有一股冬暖夏涼的氣流。

從墓後勘查來龍去脈，左邊青龍邊秀氣，右邊白虎邊秀氣，並且開闊，代表此地所蔭出的子孫心胸開朗，也會讓子孫個性上處事不積極。

從此風水的左右砂手看來，有左右砂，但只有砂無護主穴，又因太開闊，加上左右砂手的山形，土質百分之八十左右力量不夠，較多會影響子孫與部屬的人際關係，也就是部屬方面較軟弱。若砂手帶石骨多，就比較有個性，處事較有魄力。雖然此穴能孕育文秀，但從事政治方面發展，會因部屬幫助有限，孤君無臣，且因為左右砂手太開闊，前面案山有一條溪水過明堂。以整體的格局而論，莫泥龜穴孕育後代是文中帶財格。

西元二〇〇七年，我再次去勘查馬英九的祖塋，發現此地有一些轉變，其墓重新修造，墓邊的位置，在左青龍邊有一支電線杆，而莫泥龜穴前面的明堂以及四周的荷花池不見了，同時有一條水泥路直沖墓邊。

依照山法家解說，一片田野之地，若是太寬廣，有一根電線杆或是一棵樹木，都會影響風水，犯八煞，加上玄武的後面有一條水泥路直沖必會影響風水。此地所孕育的子孫，在事業上會有衝擊。左右砂手代表部屬與他的對待關係，若有煞氣，部屬在處事上容易犯一些錯誤，左右砂手也代表臣，讓君王傷腦筋。在玄武側邊，有一條水泥小道直沖玄武，代表靠山，也代表貴人位置，若在後面有煞氣直沖，在思想上會異想天開，或是處事上猶豫不決，容易犯小人。

雖然不會立即影響此地的磁場，但日後必會影響，在處理事務上不順暢。加上馬先生的面貌，天倉飽滿，眉壓眼，眼睛柔、定神，鼻子挺，聲音柔，顴骨平均，下巴帶腮骨，膚色白。在觀相學上屬於心性質帶筋骨質，眼睛柔，聲音柔膚色白，十分講究完美主義，顴骨平均之人，個性較溫和，但顴骨與鼻子平均者，鼻子高膚色白聲音柔，個性較固執，以自己的邏輯為主，加上下巴帶腮骨處事更加堅定。剛好祖塋所蔭出的格局是書香帶文秀，本來是好的格局。

其祖塋風水上最大的轉變是明堂的荷花池不見了，等於沒有水池又加上有電線杆以及一條水泥小道直沖，必會影響此地孕育的子孫將來的發展。

馬家祖塋前面的明堂，本來四周圍有荷花池，現在修造墳墓後，明堂前面及四周不見荷花池，等於此地的莫泥龜穴無水。此龜穴的風水，必會影響將來的運勢。

▲馬英九舊祖塋，昔時景況。

▲馬英九祖塋現況。

3.山大水小堂局寬平結大地（胡錦濤祖塋、祖宅的風水格局分析）

西元二〇〇七年，我與中國上海的門生，從上海坐火車至安徽省績溪縣，考察中共總書記胡錦濤先生的祖塋及祖宅風水。

績溪縣是著名的文才聖地，有三個胡姓人氏的祖塋及祖宅風水，胡適先生的祖宅，胡雪岩的祖宅，及中共總書記胡錦濤的祖塋和祖宅。

這一次的重點是考察胡錦濤的祖塋及祖宅風水。

剛進入胡錦濤祖宅所在的村落，發現在此村落的出水口，遠方有一群山體來朝拜。我對吳學員說，你看此山群，依照山法家的解說，若是在出水口有朝山秀氣，並帶火星或是木星體，代表此地的人將來出外必有成就。吳學員說，老師你確實很有眼光，此地就是我們要考證的胡錦濤先生祖宅村落的出水口，你一觀察此水口砂及朝山就能斷出，此地所孕育的子孫在外的成就。

▲胡錦濤祖宅村落。

吳學員說此地孕育很多人才，在明清兩代，據說出了一、二十位進士，當地稱為進士村。我對吳學員說，一個村落能孕育這麼多的文秀之才，依照山法家的解說，山秀人秀，四周的環境與山形絕對有關聯。此地的來龍，依據山法，此山形的來龍以火星或是木星為主體，因為木星及火星帶貴格，山法家以石為貴。

我們欣賞山形，不知不覺已經來到此村落的來龍。

吳學員說，據老師所言，此來龍確實是火星和木星山形較多。

我對吳學員說，一座大巒的山體，所剝換之氣，所孕育之氣，必有關。你跟隨我二十多年，跑遍中國的大江南北，看過無數的偉人之陰宅或是陽宅。我的第一個要求，就是必須先去勘查和追蹤來龍去脈。

一個山體如一個人的面貌，我曾經傳授過觀相學，你記得嗎？

吳學員摸著頭，有點不相信。

我對他說，你不要輕視觀相學的理論，營養質、心性質、筋骨質，此三個質你若是能好好的應用，你在山法學上會更加開竅，研究五術不能死背，一定要活用。

現在我們在來龍之頂，看到無數的火星木星山形，依照山體與此地所孕育的下一代，多數是筋骨質兼心性質的體質有關，等一下我們看此村落的村民面貌，你會有更深的體會，山形與下一代的子孫面貌是有關聯的。

師徒二人勘查來龍後，一路追此龍穴發現來水平緩而流。林老師對吳學員說，你看此溪水已經和緩，依照山法解說，若是從山頂流下之溪水已經平緩者為吉，開面平寬，代表此龍已經化陽也就是結地在眼前。

火星化氣貪狼木

▲來龍帶木、火，孕育文秀之才，蔭出進士。

來龍由火星木星群山成局，山法家稱為木火通明，此龍化氣結穴必孕育文秀之才。若是左右有旗鼓，將來此地所蔭出的下一代必出諸侯。師徒觀賞來龍後，發現有一座山頭，由火星化貪狼木下脈之穴，脈中有一墳墓。師徒往此墓勘查，發現是胡家的祖塋。

此墓是一塊風水寶地，此父母星火星，剝換化氣貪狼木下穴，左邊青龍三、四隻砂手來護土穴，左邊來水過明堂。依照山法家解說，若是父母星由火星化氣主貴格，將來蔭出的子孫以文秀帶貴格。

另一座山頭有個胡家的祖塋，我對吳學員說此墓由太陰星下脈，墓上的草特別青綠。他說對，四周的草沒有墓上的草青綠，是不是此墓還在走運，會不會影響子孫的未來前途？我對他說，你察看此墓，已經一百多年，會不會感應下一代子孫的成就，以墓碑及四周的環境來決定。

古時的堪輿師，並無現代儀器來輔助判斷此地的溫度，都是以累積多年的經驗來判斷此墓的風水的運勢。

其一，先勘查墓碑的顏色。若是墓碑本身的石質，還保持原來的色彩，代表此穴的運勢未退。

其二，墓碑是否有溫度。若摸起來有一點溫度，代表此穴地底下有一股氣流還存在，也代表氣未退，若是墓碑有一點濕度，或是墓碑四周的磚牆有一點灰塵，代表此穴漸漸退氣。

其三，四周的草木。若此穴的草木跟四周圍的草木同樣青綠，代表此穴地底下的氣漸漸退氣。

其四，四周其他的物體是否有傷有壓，或是四周的環境有受傷損害，如開墾將左右砂手剷平，這些都會影響風水。

鑑定此墓後，瞭解到胡家四周的穴場大部分都能點到風水的要求，確實不簡單。

我對吳學員說，若沒有錯的話，胡家的後代很重視風水，才會邀請高明的堪輿師來點穴。

一路追蹤來龍，我對吳學員說，你看下面有個村落，一定是胡家居住的陽宅。

來到胡家的祖宅，確實是一塊風水寶地。

此地中間的面積特別開闊，也就是吐出一塊大地，依照山法家解說，若是住宅特別開闊，左邊青龍長，右邊白虎在出水口交叉，適合居住。

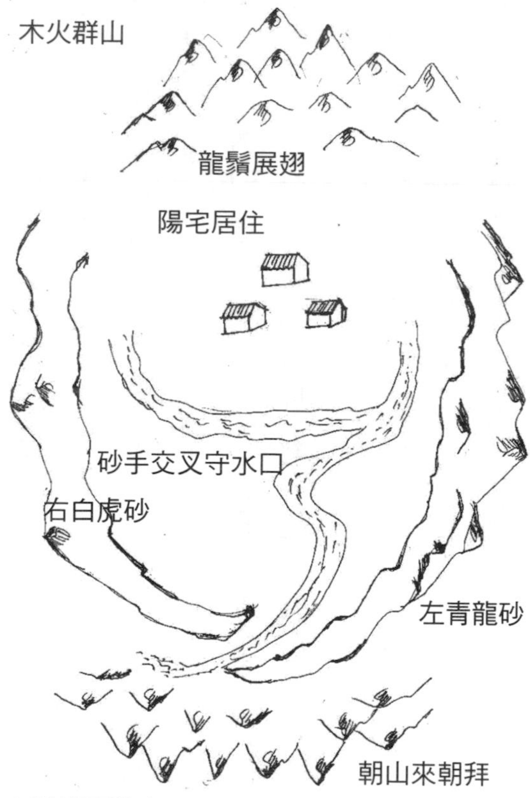

▲胡錦濤祖宅

到了胡錦濤祖宅，是一間大宅，中堂神廳排列胡家歷代祖先神位，左邊牆面有一幅家訓之書，上面記載，此地地形與風水的來源細述，交代下一代子孫此地為龍鬚穴，是一塊風水寶地，嚴禁子孫破壞此地的環境。

此家訓將此地形詳細記載，這時我才大悟，對學員說，胡家在此地會孕育這麼多的人才，文中帶貴格，確實是一塊天造地設的風水寶地。

胡家祖宅後面靠山來龍由木星火星成群，一路剝換跌伏下脈至穴場，依照山法家解說，後面的靠山是木火通明格來做靠山，後面靠山代表先天之格，也就是說是祖德賜給你，將來的格局高低，由祖宗山來決定，若是木火通明格，將來會蔭出官拜諸侯之格。

左青龍邊帶旗，右白虎砂帶鼓，左右砂手沿卒水口，形成砂手砂交叉守水口，代表將來的子孫出外逢貴人，加上來水長，去水有砂手交叉阻塞水口，將來子孫出外創業必有成就，在事業上有所大成，賺錢較輕鬆。”

▲胡錦濤祖宅家訓

祖宅前面溪水過明堂，此溪水由祖宗山順流至明堂，而水面如鏡，《易經》解說，水為智慧，水靜則此地所孕育的子孫出文秀。

在祖宅的前面，左邊砂手有兩條溪水交叉，又聚水池，緩緩順水而流，依照山法家的解說，若是穴場的前面有水聚，而此水如鏡，也就是水清澈，代表將來的子孫在外處事穩重，與人相處和諧。

前面出水口，遠有群山帶木星火星來朝拜，勢高立者，有朝貢之義，也就是朝山有情來降伏，最值得的是，朝山木星火星成群化為文筆星來朝拜，將來子孫出外必發達，特別在文秀方面，雄才大略，難怪此地能孕育這麼多的進士及文秀之才。

後來，林青龍帶領徒弟看遍了臺灣的風水，他以「生氣」為核心，以藏風、得水為條件，以尋求一個理想的墓葬和居住環境為著眼點，以福蔭子孫為最終目的，來界定風水的好壞。他們師徒找到了許多藏風、得水、具有生氣的吉地，幫助人們用於安葬或是修建住宅，期間他們也做了許許多多的好事，終於成為了一代風水大師。而關於他們師徒的故事，也一直流傳至今……

▲祖宅溪水過明堂

▲胡錦濤祖宅村落，朝山帶文筆。

國家圖書館出版品預行編目資料

讀故事學地理風水／林進來作.
——第一版——臺北市：知青頻道出版；
紅螞蟻圖書發行，2017.02
面 ； 公分——(Easy Quick；155)
ISBN 978-986-5699-81-9（平裝）

1.堪輿

294　　105020212

Easy Quick 155

讀故事學地理風水

作　　者／林進來
發 行 人／賴秀珍
總 編 輯／何南輝
校　　對／朱美琪、謝容之
美術構成／上承文化
出　　版／知青頻道出版有限公司
發　　行／紅螞蟻圖書有限公司
地　　址／台北市內湖區舊宗路二段121巷19號（紅螞蟻資訊大樓）
網　　站／www.e-redant.com
郵撥帳號／1604621-1 紅螞蟻圖書有限公司
電　　話／(02)2795-3656（代表號）
傳　　真／(02)2795-4100
登 記 證／局版北市業字第796號
法律顧問／許晏賓律師
印 刷 廠／卡樂彩色製版印刷有限公司
出版日期／2017年2月 第一版第一刷

定價 250 元　港幣 84 元

ISBN 978-986-5699-81-9　Printed in Taiwan